経営の力と伴走支援

「対話と傾聴」が組織を変える

角野然生

光文社新書

はじめに

本書は、これまで筆者が中小企業支援活動の中で取り組んできた伴走支援の考え方を整理したものです。ここで述べる伴走支援とは、企業経営者に対して、「対話と傾聴」を通じて寄り添いながら継続的に経営支援を行っていくことです。

それだけのことと思われるかもしれませんが、このアプローチは従来の支援手法とは違った効果をもたらしてきました。経営者の方々が、より本質的な経営課題に気づき、納得し、主体性を持って自己変革に取り組み始めたのです。そして、社員にもその動きが伝わったとき、企業組織が持っている潜在的な力（潜在力）が発揮されるようになっていきました。

これはプロセス・コンサルテーションという、組織開発の理論の中にある手法の一つなのですが、私が当初伴走支援を始めたとき、実はそうした理論的体系の存在を知りませんでした。東日本大震災と東京電力福島第一原発事故によって被災した事業者の方々への支援活動を行っている間に、まさに現場の必要に迫られて会得していった手法でした。その意味で本書は、組織開発がいかに現場で役に立つのかを、実践経験を通じて明らかにしたものと言えるかもしれません。

私は、その後、この手法は被災地でなくても活用できるのではないかと考え、中小企業庁長官として伴走支援を全国に広め、理論的な整理もしながら政策の構築を進めていきました。そして、伴走支援を取り入れてくれた数多くの企業経営者の方々が様々な経営課題に挑戦し、乗り越えていくのを見てきました。おかげさまでこうした取り組みについて多くの関係者の方々に関心を持っていただき、伴走支援の考え方が徐々に全国の現場で広まりつつあります。既に同じ発想で取り組んでいた方々も集まってきて、力が結集されつつあります。そして、単に企業に対する支援にとどまらず、地方経済の再生の文脈でも議論されようとしています。

伴走支援とは何か

改めて伴走支援とは何か。ここでは、主に企業経営者と外部の支援者が、信頼関係の下で対話を行うことを通じ、経営者が本質的な経営課題に気づき、意欲を高めて会社の自己変革などに取り組むことにより、組織が本来持っている潜在的な力を発揮させていく一連の営みのプロセスと考えます。「支援」というと、一方が他方を助けるという一方通行の関係のように見えますが、伴走支援は、むしろ経営者と支援者の対等なパートナーシップの下での双方向のやり取り、相互作用だと捉えていただくのがよいでしょう。念頭に置いている組織は、主に非上場の中堅・中小企業ですが、公的機関やＮＰＯ、大企業の事業部門など様々な組織に幅広く適用できる考え方だと思います。

この伴走支援の考え方のエッセンスは、主に次の３つに集約されます。特に理論的な部分は、我が国の組織開発分野の第一人者である中村和彦《なかむらかずひこ》先生のご指導をいただきました。本書にも解説をいただいております。

第一に、対話と傾聴。経営者の話に耳を傾け、共感を持って対話を継続する。それによって、経営者が自身の頭の中で内省し、自分にとっての本質的な課題は何かということを言語化することができます。このためにも、経営者と伴走者の信頼関係の構築が鍵となります。

第二に、課題設定力。支援者側は、ともすると課題解決策を先に提示しようとしがちですが、それでは表面的な解決に終始してしまい、経営者が本質的な課題をつかみ取ることができない場合があります。何が本質的な課題なのか、あくまで経営者本人が気づき、腹落ちするプロセスが重要です。特に、そのような課題には、本人自身や会社組織自体が変わらなければ解決できないような課題（適応課題と言います）が含まれることが多く、課題の設定自体が大変重要になってきます。

第三に、自己変革と自走。近年の日本経済は、新型コロナウイルス感染症や価格高騰など、思いもよらない危機や環境変化が頻発しています。企業はそうした変化を乗り越えるだけの適応力や変革力を持たなければなりませんが、経営者単独でそれを実現することはなかなか難しいものです。このため、第三者による伴走が重要になってきます。上述のように対話と傾聴を通じて課題設定ができ、経営者や従業員が意欲を持ってその課題に取り組もうという動機づけ（「内発的動機づけ」と言います）がなされたとき、潜在的な力が発揮されます。これこそが、企業組織が自走できるようになるために重要な鍵と考えます。伴走支援とは、他者への依存を促すものではなく、経営者が本来持っている〝経営の力〟を発揮して自立自走していくプロセスを支えるものなのです。

経営に携わる方へ

本書は、経営者やマネジメント層の方々を念頭に置いて、伴走支援の考え方について話を進めています。経営者の中には、直近の経営環境の変化のみならず、今後のＧＸ（経済社会システムの脱炭素化への移行を意味するグリーン・トランスフォーメーション）やＤＸ（デジタル・トランスフォーメーション）といった中長期的な構造変化を見据えて会社の改革を進めなければならないが、どう手を付けてよいか分からないという方が少なくありません。

また、特に若い経営者や事業承継を受けて間もない経営者の中には、社員のマネジメントに苦労されている方も多いと思います。伴走支援の考え方に触れる中で、自身は孤独ではなく、社員そして外部の支援者と共に前に進む道があるということ、そして会社の強みや潜在力を引き出し、様々な環境変化を乗り越えていく手段があるのだということを知っていただき、勇気と自信を持っていただければと思います。そのためにも、伴走支援を受け入れる姿勢が大切であることも訴えたいと思います。

本書では、第１章及び第２章で、伴走支援を現場で実践してきた経緯や考えをお伝えし、第３章で組織開発の理論的な背景を踏まえつつ、伴走支援の枠組みについて整理しています。

小規模企業から比較的規模が大きな企業まで様々な事例に触れながら、経営者の心が変わる過程を紹介しています。少しでも参考になれば幸いです。

支援に携わる方へ

本書は、伴走支援の実際の担い手となる様々な支援者の方も読者として想定しています。全国の中小企業支援実施機関・商工団体の方々をはじめ、税理士や弁護士、公認会計士、中小企業診断士、社会保険労務士など中小企業経営者と関係のある士業の方々や、そうした資格取得を目指そうとしている皆様にとっても、伴走支援の考え方が有用であることをご理解いただければ幸いです。そして、少しでもこの伴走支援を現場で実践し、企業の潜在力を引き出していっていただくことを願っております。経営者の方々にとっても、同世代や後輩の経営者に対して助言を行う場面は多いでしょう。そういう意味で、支援者の視点は役に立つのではないかと思います。伴走支援が多くの支援者の間で全国的に広がってきている状況については第4章でお伝えします。

さらに、地方自治体や地域金融機関など地域経済を支える方々にとっても、伴走支援は重要なアプローチとなりうることを強調したいと思います。地方は、今、人口減少が加速しており、地域経済の持続可能性が大きな課題となっています。この構造的な解決策の一つは、地方の企業がより良い雇用を生み出して若者や女性が地方で活躍できる社会を創ることではないかと思います。そのためにも、地域企業の経営変革を促し、その潜在的な力を引き出す伴走支援は、地域再生の一つの切り札になりうると考えます。それについては第5章で詳しく述べたいと思います。

こうした伴走支援や組織開発が、個々の企業組織のみならず経済社会全体の力を引き出す可能性については、最後の第6章でお伝えします。企業や人が内発的に意欲を高めて潜在力を開花させることで、ミクロの集合体としてのマクロの日本経済を立て直す道筋を考えていきます。日本人が本来持っている力を発揮すれば、日本経済の再生は可能だと思います。

最初、自身の体験を本にまとめることには躊躇《ためら》いがありましたが、行政に携わった者がその経緯や考え方をしっかり記録にまとめて世の中に示すことは、次の世代への責任の取り方の一つだと考えるようになりました。そして、伴走支援への理解が広まることで、多くの企業が激変する経済を生き抜き、日本経済の再活性化、信頼と協調性のある社会の創造に少しでもつながっていくのであれば意義があるのではないかと考え、筆を執った次第です。できる限り平易で分かりやすい文章を心掛けました。本書が少しでも皆様の参考になれば幸いです。

経営の力と伴走支援　「対話と傾聴」が組織を変える　目次

第2章　対話と傾聴　53

図版製作／マーリンクレイン

第１章
復興の現場から

1　官民合同チーム

不信からの出発

ある夏の日、私は上司に呼ばれ、福島に赴《おもむ》き新しい任務に就くように命じられました。任務の内容は、原発事故によって故郷を追われ、避難を余儀なくされた地元の中小企業の経営者をすべて捜し出し、個別に訪問して、今後の事業再開を支援するチームを立ち上げること。震災以前に原発事故避難地域でお店や工場など事業を営んでいた中小企業・小規模事業者の数は、統計によれば約８０００と言われていました。そのとき既に東日本大震災と東京電力福島第一原発事故から４年が経っていましたが、事業者の方々の大半は、いまだ避難生活下にあり、故郷に戻って事業再開する目途が全く立っていない状況でした。生業《なりわい》を失い、将来への展望が失われていたのです。ただ、その置かれた状況は事業者一人ひとりで異なっており、それゆえ個別にきめ細かい支援が必要と考えられていました。

避難先は、北は北海道から南は沖縄まで、全国に散らばっており、住所を捜し出すだけでも一苦労と想像されました。集められたチームメンバーは約１２０人。ほとんどが、私と同じように、国や県の役所の人間か東京電力など福島第一原発に関係のあった人間です。中には、公募に手を挙げてやってきた大手企業ＯＢの方もいました。「福島相双復興官民合同チーム」と名付けられたこのチームが、原発事故の被災者である地元中小企業の個別支援を徹底して行うという構想であり、その実質的な現場責任者をやれという辞令だったのです。[*1]

チームの活動は大変困難を伴うものでした。なぜなら、当時、福島の被災者の国や東電に対する不信は頂点に達しており、事故から4年以上も経って「今頃になって何しに来たんだ」という雰囲気だったからです。私自身、各地の被災市町村や商工団体を訪ね、被災事業者の連絡先を教えていただこうと頭を下げて回りましたが、非常に厳しい空気でした。被災者の立場を考えればもっともなことであり、私たちチームは謙虚に、そして誠実に事を進めていく必要がありました。ようやく商工団体の会員の連絡先など事業者情報をいただく同意が得られ、被災事業者の方々に連絡を取り、訪問してよいかお聞きできるようになりました。

しかしながら、訪問の了解をいただき事業者のお宅（まだ多くの方が避難先の仮設住宅にいらっしゃいました）に出かけていったとしても、お会いするとまず怒られるのは当たり前でした。事業者からすれば、先祖代々続けていたお店や事業を、原発事故によってある日突然失ってしまったわけです。そして、避難生活を送る中で家族がばらばらになってしまった悔しさや悲しみを涙ながらに語られました。事業者のそうした怒りの声を、私たちチームは行く先々で毎日毎日、真正面から受け止めていかなければなりませんでした。

五箇条の理念

私たちのチームは、官民合同チームという名称とは裏腹に、様々な部署から集まってきた寄せ集めの部隊でした。こうした厳しい仕事を続けていくためには、チームの求心力となる理念を掲げることがまず何よりも必要です。そこで様々な方と相談して、次のような「チーム五箇条」を作りました。誰もが頭に入りやすいように、できるだけシンプルな内容にしました。

一・被災者の立場に立って取り組む
一・とことん支援する
一・聞き役に徹する

一．チームワークを大切にする

一．地域の復興への高い志を持つ

「相双の復興なくして福島の復興なし。福島の復興なくして日本の再生なし」という言葉を最後に付け加えました。３つ目の「聞き役に徹する」というのは、訪問するこちら側から好き勝手な話や質問をするのではなく、被災者の原発事故以来４年間の避難生活のご労苦をまずお聞きすることから始めよ、という自戒の念を込めて加えたものです。この五箇条をオフィスの壁に貼り、チームの訪問員は毎朝これを唱和して出かけるようにしました。[*2]

被災事業者を捜し出して避難先まで訪問し、状況をお伺いする。お叱りを受けることが多く、私たちチームにとってはたしかに毎日がつらく厳しい仕事の連続でしたが、それ以上に苦しい思いをしてきた被災者のことを思い、決して諦めずに踏ん張ろうと、私はチームの士気を鼓舞し続けました。

官民合同チームの活動に対しては、地元マスメディアからも厳しい視線が注がれていました。「単なるガス抜きではないのか」「一体どれだけの成果を出せるのか」と疑心暗鬼の声も多く、官民合同チーム発足翌日の記事はどれも批判的な内容でした。私自身、チーム発足初日にプレス・カメラに囲まれ、頭を下げてお詫びをすることから始めなければなりませんでした。それでもマスコミにチームの活動を理解してもらうことは必要だと考え、私は毎月記者会見を行うようにしました。チーム活動の実績について、できる限り情報を開示するようにしたのです。最初は記者から厳しい質問が続きましたが、こちらが誠実な姿勢を示して状況を説明するうちにだんだん理解が得られるようになり、チームの認知も少しずつ広がるようになっていきました。

菩薩行《ぼさつぎょう》

チームの訪問員は、4つの支部に分かれて、官民2人1組のペアになって出かけていき、被災事業者の方々のお話を聞き続けました。私たちチームの非常勤トップをしていただいた地元経済界代表の方からは、「これは菩薩行だ」という言葉をかけてもらい、激励いただきました。菩薩行とは、世の中のすべての人々の幸せが成就して初めて自分の悟りが成就するといった意味の仏教用語だそうです。その意味で、私たちの活動はまさに菩薩行と言えるものでした。

あるとき私は、チームメンバーに対して、菊池寛の短編小説『恩讐の彼方に』を引き合いに出して「長い道のりかもしれないが、心を一つにして取り組んでいこう」と訴えました。ご存じの方も多いと思いますが、この小説は、江戸時代に主人を殺《あや》めたある侍が、その後悔《かい》悟《ご》の念から僧侶となり、豊前の国（現在の大分県と福岡県の一部）、耶馬渓《やばけい》にある断崖絶壁の難所で旅人が安全に行き交うことができるよう、ノミを手に単独で洞門（トンネル）を掘り進めていく物語です。殺された主人の息子が成長して仇討を果たす旅に出て、ついに洞門を掘る僧侶こそが我が親の敵《かたき》と知ってその機会を伺《うかが》うものの、一心不乱にノミを振るう僧侶の姿に徐々に恩讐の心が解け、いつしか共に岩山を穿《うが》ち、20年以上の年月を経て洞門を貫通させるのでした。地元の「青の洞門」に伝わる史実を基にした小説と言われています。必ずしも私たちチームの置かれた局面と完全に重なるものではありませんが、復興のために粘り強く取り組んでいく必要性を、私は様々な形でチームのみんなに訴え続けました。

次第に訪問員同士も、同じ体験を共有していく中で、チームワークが少しずつ芽生えていきました。彼らは何度も避難先の仮設住宅などに顔を出して、被災事業者の方々のお話を伺いに回っていきました。まさに「聞き役に徹した」わけですが、正直に申し上げると実際は、私たちチームが被災事業者に納得いただけるような解決策を最初から持ち合わせていたわけではなく、ただ聞き役にならざるを得なかったのも事実です。もっとも、事業者やそのご家族が置かれた状況はまさに千差万別であり、それぞれ大変複雑な事情がある中で、そもそもみんなに通用する安易な解決策などあるわけがありませんでした。

他方、「聞き役」に徹したことが、訪問員と被災者との関係において、ある変化をもたらすようになりました。同じ訪問員が同じ被災事業者を再び訪問するようなオペレーションを続けていくと、だんだん事業者の方々の心が開いてきて、「国や東電は憎いけど、あんたになら俺の気持ちを少し話してもいいぞ」と言っていただけるようになったのです。そこからが勝負でした。「除染が終わって故郷の町に帰れるようになったら、先祖が始めた店をもう一度再開したいから、手伝ってくれ」。そういった要望をいただいてからが、本当の支援のスタートとなりました。

3万回の訪問

このようにして、私たちのチームは、手探りながら徐々に活動を軌道に乗せていきました。
私自身、福島に住民票を移して移住し、現場の先頭に立って被災事業者の支援活動を続けました。

結果だけ先にお話しすると、チーム立ち上げから3年間で、連絡がつながった５０００以上の事業者への戸別訪問（累計にして3万回以上）を行い、そのうち実際に支援の要望があった１０００以上の事業者に個別の事業再開支援を行うことができました。

その後、福島の被災地の避難指示解除が進み、地域ごとに事情は異なるものの、事業が再開できるようになった地域が広がってきています。そこで活動されている多くの事業者に対して、官民合同チームが何らかの形でご支援させていただくことができたのではないかと思います。そして、事業者が故郷に戻って事業を再開することで、住民の方々の帰還も少しずつ進み、避難地域の町や村が再び生活と生業の場を取り戻していったのでした。

こうした事業者支援活動の肝は「伴走支援」。まさにチームメンバーが継続的に相手の事業者に寄り添い、「対話と傾聴」を行いながら、事業者の方々の事業再開の意欲を高め、その実現にこぎつけていったのです。この伴走支援の手法は、最初から確立していたものではなく、泥沼を這うような現場の厳しい場面の連続の中から、チームが徐々につかみ取っていった手法でした。

2　伴走支援の発見

復興途上の商圏

話をチーム活動の最初の頃に戻します。「故郷に戻って事業再開したい」。こうした要望をいただいたのはよいのですが、率直に言って、初期の官民合同チームは経営支援の素人集団でした。具体的にどう事業再開をお手伝いしていくのか。そのためには専門的な経営支援の知見が不可欠です。そこで私は、地元の金融機関や東京の大企業にも出かけていって、復興に協力いただける人材を出していただくよう頭を下げて回りました。多くの企業が快く協力してくださり、結果として何名かの人材を仲間に加えることができました。また同時に、経営支援を行う専門的なコンサルタント会社との契約や、地元の中小企業診断協会との提携なども進めていきました。こうして官民合同チームのコンサルティング部門の体制が少しずつ整えられていきました。

一方、被災地での事業再開に向けたコンサルティングをする上で、通常の支援と異なる大きな難問が立ちはだかっていました。それは、原発事故による避難指示から時間が経っており、たとえ除染が済んで地元に戻って店が再開できたとしても、お客さんとなる住民の方々がまだ戻っていない、つまり商圏が回復していないという現実でした。また、事業を休んでいたためにかつての取引先との縁が切れているという問題もありました。こうした中で、再び事業を始めることは至難の業であったわけです。

あるとき、私はある町の商工団体に呼ばれ、役員の皆さんに囲まれながら長時間にわたって大変厳しいご意見をいただきました。「原発事故によって、多くの住民が避難してしまい人口が減ってしまった。そのような町で我々が事業を続けていけると思うのか。将来を見据えて投資しようと思えるか。子どもに自分の後を継がせようと思えるか」と厳しくも本質的な意見をいただき、言葉に詰まらざるを得ませんでした。こうしたいわば複合的な問題をどう解きほぐして、事業再開の目途をつけていくか、私たちチームは毎晩気の遠くなる思いで、議論と検討を続けていきました。

経営者の気持ちの変化

そんな中、ある被災事業者から、「震災前に地元で営業していた直売所を、避難先の仮設店舗で始めたのだが、お客さんが全然来なくて赤字が続いているので支援してほしい」という要請を受けました。私がその直売所に行くと、昼間にもかかわらず店内は暗く、お客さんは誰もいない状態でした。現れた経営者ご夫妻はだいぶやつれたご様子で、心身ともに疲れ、健康も損なっておられるようでした。ただ地域コミュニティの再生に大変強い気持ちを持っておられ、「避難先でも早く事業を立ち上げて、被災者同士のコミュニティを取り戻したいと思い財産をつぎ込んだが、新しい土地でお客さんが全く来なくて、この先どうしたらよいかが見えない」ということでした。私は、「私たち官民合同チームがなんとか支援していきますから、元気を出してください」と言うのが精一杯でした。チームに持ち帰って協議しましたが、具体的な解決策はなかなか浮かびません。ただ、避難先で始めたお店のある場所は、事業者にとっては新参でしたが、近くに居住している方は多く、商圏としては十分な人口があるのが救いでした。

そうした中で、官民合同チームに参画していた、ある若い担当コンサルタントが、まず自分もお店に立って考えてみようということで現場に通うことにしました。そして直売所の従業員と同じTシャツを着て、お客さんの呼び込みをやり、お客さんに商品の説明をするようにしたのです。そのうち、「お店の照明をもう少し明るくしよう」「レイアウトを変えてみよう」「分かりやすい手書きのＰＯＰ（商品の説明文）をつけてみよう」という現場の足もとの改善点に気づき、それを実行し始めました。

最初は、従業員も半信半疑のようでしたが、その若い担当コンサルタントと一緒に動き始めました。すると、お店の改善が少しずつ進むに従い、お客さんもぽつぽつと現れるようになり、従業員の方たちもお客さんと対話する中で、徐々に元気を取り戻し始めました。次第に従業員自身が、現場の改善点に気づき、主体的に改善するようになっていきました。私自身も、近くを通ったときには必ず直売所に立ち寄り、経営者と話をするようにしていましたが、そのうち経営者の意識が少しずつ変わっていくことに気づきました。従業員が元気にお客さんと対話して動いているのを見て、「自分もやらなきゃいけない」と、気持ちが前向きになっていったのです。

これは大きな発見でした。たしかに担当コンサルタントが現場の改善活動を進め、目の前の経営課題への解決策を経営者に提供していったのは事実です。ただそれ以上に、彼自身が常に経営者の気持ちに寄り添って、継続的に経営者や従業員の悩みを聴き、対話していったという姿勢が重要でした。そうして築いた信頼関係の安心感の下で、現場の小さな解決がお店の小さな自信を生み、再び経営者自身に意欲を芽生えさせていったのです。

やがて経営者自身も従業員と一緒に前向きに動き出すようになると、お店の雰囲気も明るくなっていきました。いろんなイベントや特売などのアイデアも出始めて常連のお客さんもできるようになり、半年かけて単月黒字まで持っていくことができました。その後も食堂を併設するなど事業は順調に拡大、経営者ご夫妻も健康を取り戻すことができました。何より、念願だった地域コミュニティの場ができて、多くの方が買い物に来たり、採れたての野菜を運びに来たりして、みんなに笑顔が戻ってきました。経営者は「これからは自分の力でやっていけます」と私たちチームに話してくれました。

私は、解決の糸口をやっと見つけた思いでした。これこそ、私たち官民合同チームの支援のスタイルであると。たとえ最初に経営を立て直すための根本的で具体的な解決策がなくとも、経営者の聞き役となり、経営者の心が動いていくことに寄り添うことで前向きな方向につながり、経営者の勇気と力を引き出していく。そうなれば、後は個別事情に応じた専門的な知見をかき集め、段階的に実行していくことは容易になるということです。組織開発やプロセス・コンサルテーションという言葉を知らなかった私たちが、自ら現場で伴走支援を〝発見〟した瞬間でした。

伴走支援の効果

そこで、私たち官民合同チームは、経営支援のスタイルを3段階のオペレーションに分けて進めていくことにしました。すなわち、

①訪問員がまず被災事業者のお宅に伺い、お話を聞く。

②話の内容を受けて、チームの担当コンサルタントが事業者を訪問し、事業者の考えを詳しく伺う。何度も訪問し、事業者と対話をしながら、事業再開に向けて思いや覚悟を吐露してもらい、今後の方向性を一緒に確認していく。まさに伴走して支援する。

③その過程で、個別具体的な専門的知見が必要な場合は、外部の委託コンサルタント等を活用して、部分的な課題解決型の経営支援を行う。たとえば、飲食事業者に対するメニュー開発や、製造事業者に対する生産管理など。これらもやりっ放しやたらい回しにせずに、必ず伴走担当のコンサルタントがフォローしていく。

いうまでもなく、肝は②の伴走支援でした。ここでは、事業者にとっての本質的な課題は何なのかを事業者自身に考え抜いてもらい、自らが納得していくプロセスが極めて大事でした。これがなければ、①からいきなり③に行くことは不可能だったでしょう。そのことを知

っていただくために、ここである事例をお話ししたいと思います。

被災地で、震災前に居酒屋を営んでいた家族がいました。原発事故後、避難先で居抜きの物件を見つけ、居酒屋を再開したのですが、なかなか新しいお客さんがつかず、仕入れにも苦労していました。二代目となる息子さんがいたのですが、息子夫婦は、故郷の町の除染が完了して避難指示が解除になったら、町に戻って以前のところで居酒屋を再開したいと考えていました。しかし、親御さんのほうは、避難先で再開した居酒屋だけで手一杯であり、とても地元に戻ってそちらにもお店を開く余裕はないと反対でした。官民合同チームの担当者が伴走支援に入ったのはそんなときであり、家族会議にも一緒に参加しながら事業者の考えを聞いていきました。ときには親子喧嘩で対立することもありました。

そうした中で、チームの担当コンサルタントは、まずは避難先で現在開業している店を立て直して経営を安定させることが最優先であると判断し、その方向性について家族と合意しました。そして、地道ではありますが、対話と傾聴を続けて経営者の思いを受け止めながら、徐々に原価改善やメニュー改善、材料ロスの削減といったセオリーどおりのコンサルティングを行っていきました。次第に粗利益率も向上し、努力が少しずつ経営改善に結びつくプロセスを事業者自身も実感していくようになり、それに伴い家族の意見もまとまるようになってきました。これは、②の伴走支援を主軸として家族の方向性を共有する空気を作った上で、部分的に③の専門的支援を行い、成果を実感して家族みんなが前向きに意欲を高めていくのを確認していくというパターンだったと言えます。③の技術的な支援だけでは、事業者の家族の心をつかみ、方向性を共有していくことは難しかったでしょう。

伴走支援を始めてから１年後、故郷の町の除染が終了して避難指示が解除され、二代目は地元に戻って居酒屋２号店を開業することができました。親御さんの経営も安定し、ゴーサインを出す財務的な余裕も出てきたからでした。そして何より、この二代目大将の、町の再興に向けて自ら先頭に立って頑張ろうという強い思いが、大きな原動力になりました。私は、地元に戻ったこの居酒屋に今もときどき顔を出していますが、いつも繁盛していて嬉しくなります。開店直後に生まれたお子さん（もともとのクライアントである事業者からすればお孫さん）もだんだん大きくなり、ますます張り切っておられるようでした。まさに伴走支援によって事業の再生を進めることができたわけですが、それは同時に家族の再生でもあったのです。

3　地域再生の実践

「鶏と卵」の地域再生

事業再開は、単に企業経営が立ち直るというだけにとどまりません。その地域全体の再生に大きな役割を果たすことがあります。ある全町避難指示が出ていた町で、除染が終わって避難解除となり、住民の帰還が始まりました。しかしながら何年間も避難生活が続いた住民の方々からすれば、避難先で新しい生活基盤ができ、子どもたちにも学校で友人ができたりして、故郷に戻るかどうかは大きな決断を要する問題でした。特に、故郷で生活が十分できるよう生活必需品を売っているお店が再開していることは、帰還するかどうかの大きな判断材料でした。

この町では、以前から地元のあるスーパーが住民の生活を支えていました。このスーパーはそのときも仮設店舗で小さく営業は続けていましたが、本格的な事業再開はしていませんでした。あるとき町役場で大きな複合商業施設建設の構想が立ち上がりました。商業施設があることで住民が帰還しやすい環境を整えていくことが非常に大事な局面になっていたのです。町としては、そこの中核施設として、この地元のスーパーに商業スペースに入って営業再開してほしいと持ちかけました。他方、スーパーの事業者にとっては、そこで事業再開するかどうかは、住民の帰還が進むかどうか、つまりスーパーにとって生命線となる商圏人口がどれくらいになるかが全く読めず、営業再開は無謀に思えたことでしょう。私は何度もこのスーパーの経営者のところに伺い、事業再開できないか打診しましたが、経営者の方は「住民がこれしか戻っていないと、スーパーを再開しても赤字が拡大するだけ」と返答され、極めて厳しい状況でした。

たしかに、住民は当時まだ以前の2割くらいしか帰還しておらず、この状況のままでは毎年数千万円単位の赤字になる計算でした。ご家族も事業再開に反対しているようで、私が経営者の家を訪問したとき、経営者の息子さんは私に目を合わせることはなく、暗に「父親に変な話を吹き込まないで」と言われているようでした。他方、地元にとってなじみのスーパーが再開することで住民帰還が進み商圏が回復してくれれば、経営の採算ラインに乗ってくる可能性もありました。まさに「鶏が先か、卵が先か」の状態であり、住民帰還が先か、店の再開が先かという実に悩ましい問題に突き当たったのです。私は、担当の伴走支援コンサルタントと一緒に事業計画案を携え、3年後には自力経営できるよう我々も精一杯支援することを伝え、出店を促していきました。町役場においても町独自の支援策を設ける英断を下し、出店環境を整えていきました。合計十数回に上る訪問と伴走支援により、スーパー出店後の原価改善と営業戦略の道筋ができ、苦渋の決断だったと思いますが社長は最終的に出店することを決めてくれました。そのとき、私は、ここまで事業者にリスクを取らせるのであれば、この事業者の家族とは一蓮托生、もし事業が失敗したら自分も責任を取らなければならないと、役人を辞めることも覚悟しました。

結果として、このスーパーは商業施設の完成とともに入居、床面積を広げて営業を開始し、社長とご家族が必死の努力で経営を続けました。私たち官民合同チームも総力を挙げて事業計画の達成に向けて伴走支援を続けていきました。住民の方々にとっても、なじみの地元スーパーが開業し、生活も便利になるということで、徐々に町に戻ってくるようになっていきました。そして、良い商品を提供しようという努力は次第に実を結び、町の外からも買い物に来る客が増えてきて売上が順調に拡大、客単価も伸びていき、事業計画どおりに採算ラインに乗るようになったのです。「鶏と卵」が良い方向に循環し始め、最終的に多くの住民帰還が進み、スーパーの商圏としては十分やっていける状況になりました。社長も「これからは自力でやっていける」と話してくれるようになりました。

　これらの取り組みを通じ、町の復興が大きく前進していきました。これは、町長のリーダーシップの下、町役場の皆さんとのチームワークの成果でもありました。私たちチームは、町の復興が一歩進んだことに心から安堵しました。私は、東京に帰任してからもときどき休日を利用して福島に行ってはこのスーパーにも顔を出していますが、その後も売上が順調に拡大しているそうです。あるとき、私がお店に立ち寄ると、バックヤードで働いていた息子さんが出てきて、いきいきと目を輝かせて、「おかげで店を再開でき、みんなで頑張っています」と言ってくれました。私は息子さんと握手をしました。私たちの伴走支援が実を結んだことを実感し、私は目頭が熱くなるのを禁じえませんでした。

4　自走する力

自立的体質を目指す伴走支援

官民合同チームは、こうして徐々に伴走支援のスタイルを確立し、数多くの多様な企業経営者に対して支援を行ってきました。その経験値を蓄積するに従い、類似事例を効率的に支援できるようデータベースを構築し、内部研修を充実させて支援活動の品質向上と平準化を進めていきました。官民合同チームの活動は次第に認められ、地元との信頼関係を少しずつ築き上げていきました。ここでは、官民合同チームの支援実績から引き出されたいくつかの洞察についてお話ししたいと思います。

　第一に、伴走支援は相手の心に作用し、その人の意欲やモチベーションに働きかけるものだということです。そして、それこそが相手が当事者意識を持ち、自己変革を起こして自走していくための重要な要素になるということです。継続的な支援を行うことにより、多くの経営者が、ひいては家族や従業員の気持ちが少しずつ前向きに変わっていき、事業再開に向けた一歩を踏み出すことができました。当時の客観情勢だけ考えれば、除染が終わったばかりの、商圏も回復していないような状況で事業を再開することに、経営者が躊躇《ちゅうちょ》したのも無理はありません。

　そうした中で、経営者の悩みを聞きながら――ときには経営者だけでなく、家族や従業員の気持ちも伺いながら――何度も相談に乗る中で、経営者自身の気の持ち方が変わっていき、それが家族や従業員の気持ちを前向きにしていった（あるいは逆に従業員から経営者の順番で）という相互作用が数多く見られました。これは、後で述べるように事業者が抱える「適応課題」に対して、プロセス・コンサルテーションを自然と行っていたことになります（もちろん、その適応課題を顕在化させた大本の原因は国と東電にあります）。そして、経営者の気持ちが前向きになって自ら動き出すことで、その後の支援にかかる時間がかえって少なくなりました。多くの事業者から「ありがとう。ここまでやってくれたら、あとは自分でできるよ」「これからは補助金に依存せずに、自力で経営していく」といった力強い言葉をいただいたのです。

中小企業支援における真の伴走支援とは、永続的に伴走しなければならないような依存体質を作り出すことではなく、むしろ支援に頼らずに自走していくような自立的体質を作り出すものだと思います。

社員への伴走

第二に、伴走支援は、小規模事業者のお店再開だけでなく、従業員を多く雇う比較的規模の大きな企業にも当てはまりました。ただ、やり方は少し工夫が必要でした。ある事例をお話ししましょう。

父親から事業を引き継いで間もないある若い経営者が、数十名の社員とともに避難先で事業を継続していました。故郷の町の除染が終わり、地元に戻れるようになったため、社長は会社を地元に戻して事業を拡大しようと計画しました。しかしながら、何人かの社員は勤務地が変わると辞めざるを得ない状況でした。人不足の状態の中でどう経営を進めていけばよいかということで、私たち官民合同チームは支援の要請を受けました。

チームの担当コンサルタントは、まずは社長の同意を得た上で、社員へのインタビューを始めました。すると、社長と社員の間で考えていることのベクトルが必ずしも合っていないことが分かってきました。社長の思いが彼らに十分伝わっておらず、社長が何を考えているのか分からないという状況だったようです。そうした現実を社長にも伝えた上で、社長と社員の意思疎通が良くなる関係作りを進めていくことにしました。社長は、社員と一緒に会社のビジョンを作ることを決め、彼らの中でも問題意識の高い、将来のリーダー格になる中堅若手の人たちが集まったコアチームを社内に作りました。そして、そこでメンバーは主体的に経営理念や将来の会社のあるべき姿などを議論していきました。私たちチームの伴走支援コンサルタントは、会議のファシリテーターも務めました。

徐々に社員が互いに自分の言葉で思いを語り、発表し合うようになりました。結果的に、素晴らしい会社のビジョンができたのですが、やはりそのプロセスが重要でした。社内会議で中堅の社員が元気に活躍し、若い社員を引っ張っていくようになり、社長ともベクトルが合うようになっていったのです。社長も、社員の思いを汲み取った形で会社の羅針盤ができたことで、社員のモチベーションが上がり、より筋肉質で引き締まった組織になったと感じたとのことです。結果として、辞めた社員が少しは出たものの、新たに県外から入社してくる人もいて、故郷に戻って事業を継続することができました。現在も社長は、情熱を持って地域の復興と新たなまちづくりにも力を注いでいらっしゃいます。

以上、お話ししたプロセスは、組織開発でいう「関係の質」の改善が「結果の質」の改善につながった例と言えそうです。

小規模事業者が家族の理解を得て前に進めていくのと同様に、規模の大きな企業では経営者が従業員の理解を得て事が前に進み出します。企業の規模によってやり方は多少変える必要があるものの、伴走支援の根幹の考え方はいささかも変わらないと思います。

事業承継への効果

第三に、伴走支援が殊《こと》に事業承継に有効であることです。伴走支援を通じて、経営者自身が本質的な経営課題に気づくことを促すわけですが、そのプロセスにおいて、経営者は自身の後継者をどうするかという問題にたどり着くことが多いからです。

前述の大変厳しい意見をいただいた商工団体の役員の方は代々宿泊業を営んでいたのですが、伴走支援をする中で、前向きに将来を見据えることができ、ついに息子さんを東京から呼び戻して会社に入ってもらうことになりました。施設の新規投資も行い、家族一丸となって代々続いた事業をさらに一歩進めていくことで気持ちがまとまっていったのです。その経営者ご夫婦から報告をいただいたとき、私も自分の家族のことのように喜びました。当初多くの事業者から率直な厳しいご意見をいただきましたが、そういった方ほど、その後互いの距離が縮まったような気がします。

シニア人材の登用

第四に、伴走支援者としてシニア人材を採用したことです。官民合同チームは、経営支援ニーズの増大に伴い、様々な会社から様々な業種の人材を採用していきました。特に、これまで企業で多くの経験を積んできたシニア人材の役割は大きかったと言えます。会社を定年退職し、第二の人生を世の中のために費やしたいと考えている人は多くいます。そういった方にチームに入ってもらい、被災企業の経営者と直に向き合っていただきました。

彼らは様々な経験値を持っていることで、経営者の思いを理解し、信頼を得ることができました。コンサルティング会社のように体系立った専門知識がなくとも、自身がこれまでの仕事で培った知見や、苦労と味わいのある人生経験をベースとして、伴走支援の手法を身につけることができました。むしろ、自身の専門知識にこだわり、それを押し付けようとする人はうまくいかなかったと思います。それよりも、知見はいったん自分の引き出しにしまっておいて、聞き役に徹しながら徐々に経営者との会話に使っていけるような人が、結果として信頼関係を作っていくことに成功していました。

会社を辞めてこれから世の中のために何か役に立ちたいと思っている方は多いと思います。この伴走支援の取り組みに参加し、経営者の自己変革に直接寄り添って支えていくことは、大変やりがいのある仕事になるのではないかと思います。そして、この官民人材が力を合わせて公共のために仕事をするというスタイルは、双方の潜在的な力を引き出し、シナジーを生み出してきました。この経験は他の分野でも役に立つと考えます。異なる知見と経歴を持った人たちを、どうチーム・マネジメントしていくかについては、章末のコラムでお話ししたいと思います。

面的展開の可能性

最後に第五として、面的展開としての地域再生への可能性です。先ほどのスーパーの話でも申しましたが、地域を支える中核的な企業に伴走支援を行い、そこの経営者や従業員が意識を変え、納得感を持って新たな道に動き出していくことは、地域の底上げにも資することになります。その際、地方自治体や地域金融機関の協力は欠かせません。そうした地域の関係者が一体となって、地元経済社会の活性化を図ろうとするとき、関係者の意識変革と適応力につながる伴走支援は、大きな可能性を持っていると言えます。

偶然、福島復興の現場で発見し、つかみ取った伴走支援の手法。それは後から考えれば、被災者に寄り添い、対話と傾聴を行う中で、必然的に鍛えられていった手法でした。今もこの官民合同チームは、後任の人たちの努力により中小企業をはじめ地元の農家の方や水産加工事業者、新規創業者などへの支援を通じて様々な地域づくりに参画し、成果を上げています。何より、地元との信頼関係を回復できたことが、多くの復興の成果につながりました。今では多くの方々から「官民《かんみん》さん」と呼ばれて、頼られ親しまれているようです。私はチーム同僚の皆さんの尽力を讃えたいと思います。

また、原発事故によって生業を断たれた多くの事業者が、伴走支援をきっかけに事業再開を果たしていきました。そして、その多くの方々は、単に事業再開しただけでなく、逆境の中で生き抜く力、自己変革し続ける力を発揮し始めたのです。それは本来すべての経営者が持っている潜在的な経営の力だと考えます。事業者の皆様に対して心から敬意を表したいと思います。

私は、福島の復興の最前線に身を置きながら、この伴走支援という考え方は、企業や人の可能性を広げてくれるかもしれない、行政の在り方を変えるかもしれないと感じました。そして、これは被災地のみならず全国の地域でも活用できるのではないかと次第に思うようになったのです。福島は、そういう意味で、私にとって伴走支援の原点であると言えます。この伴走支援を受け入れてくれた福島の人々の心の広さや温かさを本章の最後にお伝えしておきたいと思います。福島は復興に向けて今なお難しい課題を抱えていますが、一方で若い人たちの移住や創業、国際的な研究教育機関の設立、海外も含めた交流人口の拡大など、新しい動きも芽吹いています。[*3]福島の復興が日本の再生につながり、それがまた福島の復興を後押しするという好循環の流れができるよう願ってやみません。次章では、伴走支援の他地域への展開について、具体的にどう実践していったかについてお話ししたいと思います。

コラム：プロジェクト・チームのマネジメント

福島の伴走支援のことを経営者の方にお話しすると、皆さん官民合同チームのチーム・マネジメントについて関心を持たれます。たしかに多様な官民人材をどう束ねていくのかという点は、会社の従業員のマネジメントにも通じるのかもしれません。また、今後、会社や公的機関などが、各方面から人材を集めて新規プロジェクトを立ち上げる場合にも参考になることがあるかと思います。

そこで、この福島の官民合同チームのマネジメントをどうやってきたかについて、私が当時書き記したメモをもとにポイントの一部をお伝えしたいと思います。だいたい数十人から200人程度の規模のプロジェクト・チームが立ち上がった局面で、そのリーダーが何をすべきかを念頭に置いています。経営マネジメント理論をベースに緻密に構想した格好良いものではなく、チームの船が沈没しないよう現場で必死に藻掻《もが》いてたどり着いた、とても泥臭いものです。

１．共有すべき価値軸を掲げ、常に繰り返す

官民合同チームではまず「チーム五箇条」を作ったとお話ししました。これは理念や行動指針が混ざったものですが、こうしたいわばチームの背骨となる「小さな憲法」を作ることがリーダーの仕事の出発点です。新しいプロジェクトの立ち上げや有事の場合は、ボトムアップで「みんなで一緒に理念を考えていこう」と言っている時間はありません。私の場合も、一番最初に手掛けたのが、チームを束ねる価値軸の提示、すなわち五箇条の作成でした。そして、五箇条を毎日チーム員に唱和してもらい、〝チーム員が前に進むために共有すべきこと〟を徹底したことが決定的に重要でした。多様な人材を束ねていくためには、価値観の共有こそが大事であり、そのための「共通言語」を作ることが重要です。その言葉を通じて、チーム員が大切にすべき共通の価値観がそれぞれの身体に沁みわたっていきます。私自身、

この価値観の共有に向け、折に触れて五箇条の考えを何度もチーム員と語り合いました。

2．異なるものへの寛容と中立の姿勢

リーダーは、プロジェクト遂行のために共有すべき価値観は徹底していきますが、何もかもトップダウンで指示するばかりではうまくいきません。むしろ、チームの憲法の柱を決めたら、あとは自由度を持たせていくことが重要です。新しく立ち上がったチームの構成員は、様々な部署から集められたり、新規採用されたりとお互い見ず知らず。新しいミッションに戸惑い、プロジェクト・チームへの忠誠度も低いものです。出向で来た人が親元の組織や部門のほうばかり向いてしまうのも無理ありません。リーダーとしては、そうした異なるところから来た人を受け入れ、異なる考え方を許容する寛容の精神、どの部門にも偏らない中立の精神が必要です。時として一定の孤独も要ります。そして、リーダー自身がチーム員にとっての聞き役となり、対話をすることが大事です。私の場合も、現場に行く以外は、こうしたチーム員との対話に多くの時間を費やしました。

3．フロントを重視し、リーダー自ら現場に行く

プロジェクト・チームの組織マネジメントとして、本部（間接部門）とフロント（顧客と接する現場）に分かれることが多いと思いますが、往々にして権限を持つ本部の力が大きくなりがちです。そうなるとトップダウン型になり、現場の意欲は高まりません。リーダーは、常にチーム員に対して「フロントが主役」であることを唱え、プロジェクトの対象となる顧客（福島の場合は被災事業者）に接する現場の大切さをチーム員に訴え続けます。そのためには、リーダー自らが先んじて厳しい現場に行き、その経験値をチーム員と分かち合うことが大事です。現場に行けば、いろいろな情報を入手できます。

4．現場改善の土壌を作る

１００人程度の規模になると、急に集まったチーム員のすべての行動をリーダーが把握し、指示することは不可能であり、また好ましくありません。リーダーは憲法の共通言語やそれに基づく大きな方針は徹底していきますが、それ以外の日々の

現場の実務は、現場のマネージャークラスに任せます。最初はリーダーの思いどおりにいかないかもしれませんが、現場に任せれば当事者意識が出てきて、自分たちで改善していこうという空気ができてきます。小さな成功体験を積んでいけば、それを改善活動に活かし、談論風発《だんろんふうはつ》（活発に意見を言い合える）の土壌が培われていきます。マイクロ・マネジメントは逆にその土壌を殺してしまうでしょう。最初は、失敗はつきものであり、リーダーはそれを許容する根性が求められます。他方、先述のとおりリーダー自身が現場に接して、顧客クレームなど悪い情報が耳に入るようにし、もしもの場合のダメージ・コントロールに先手を打てるようにします。

5．情報の流通を大事にする

情報はチーム組織にとって血液です。情報が入るかどうかでそのチーム員の参加者意識が変わってきます。情報が入ってこない、一部の人に偏っているという状況ではチーム員のモチベーションは高まりません。異なる組織や部門から来たチーム員は、最初は他者への情報提供を逡巡《しゅんじゅん》しがちですが、様々な局面を使ってリーダーは情報共有を呼び掛けます。そして共通言語を作っていきます。そうした行動を続けていくと、次第にチーム員同士の壁が低くなり、血流が良くなります。

リーダーは対外発信についても責任を持って積極的に行っていくべきです。私は毎月記者会見を行い、チームの活動実績をできる限り関係者に共有していくようにしました。批判を恐れて隠すよりも、オープンに外からの意見を受け入れて現場改善に活かす組織運営を目指します。

既にお気づきのように、こうしたチーム運営は伴走支援そのものだと言えます。経営者への伴走支援を通じて、経営者が腹落ちして当事者意識を高めて潜在力を発揮させていったように、チーム・マネジメント自体も、リーダーとチーム員の間の対話と傾聴を通じて、チーム員が当事者意識を持って潜在力を発揮させていくことが本質なのだと思います。

＊１　非常勤のチーム長には、地元福島の経済界を代表して福井邦顕日本全薬工業株式会社代表取締役会長（当時）に就任いただいた。

＊2　その後、官民合同チームは新しい五箇条を改訂　https://www.fsrt.jp/outline/2582.html

＊3　被災地域等で新たな産業の創出を目指す「福島イノベーション・コースト構想」の下で、現在様々なプロジェクトが進行している。２０２３年には福島国際研究教育機構（Ｆ－ＲＥＩ）が設立された。

第2章
対話と傾聴

1　伴走支援の普遍性

被災地以外での伴走支援の展開

福島の事業者支援活動が軌道に乗ったところで、次に私を待っていたミッションは、被災地以外の地域でも中小企業支援の取り組みを拡大せよというものでした。具体的には、関東甲信越地域の担当局長として、中小企業支援と地域活性化に向けて具体的成果を出すことが求められたのです。

通常、地方の中小企業行政の現場では、補助金の執行が主な仕事の一つになります。私は、企業に補助金などを提供して支援するといった通常の枠組みだけで本当によいのかと悩みました。中には補助金を使い続けてそれに依存してしまっている企業もあります。そうではなく、中小企業が自走できる体質を作っていくような、もっと本質的な取り組みができないだろうか。そこで、私は福島で培った伴走支援の知見を活用しようと考えました。ただ、前章で述べたように、福島の被災地において伴走支援の取り組みが求められたのは、実際に原発事故で被災し、家業が再建できるかどうかの瀬戸際の中で、経営者やご家族の方々が苦しい決断を迫られたからです。そうした厳しい判断がすぐに求められているわけではない被災地以外の中小企業に対して、果たして伴走支援は成り立つのか。そうした疑問や指摘を周りからかなり受けることになりました。

しかしながら、私は、被災事業者に限らずほぼすべての中小企業経営者は、毎日毎日経営のかじ取りの中で、難しい経営判断を行いながら家族や従業員の生活を支えている。そうした経営者に対して、きっかけさえつかめれば伴走支援の仕組みは必ず役に立つだろうと考えました。

自治体との連携

ただ、いきなり役所が「あなたの会社に伴走支援に入ります」と言っても、経営者からすれば、「一体何しに来たんだ」ということになりますし、あまたある中小企業すべてに対して伴走支援をする余裕も役所側にはもちろんありません。そこには何らかの工夫が必要でした。そこで、新しく立ち上げた官民合同チーム（関東経済産業局の担当部署の人たちと、民間から公募で採用された人たちで新しいチームを結成しました。これについては後述します）では、地方自治体と連携して取り組むことにしました。具体的には、意欲ある自治体の首長に手を挙げてもらい、その地域を支える企業をいくつか選んでいただき、そこに我々官民合同チームが伴走支援に入るということになりました。

同時に、地方自治体の担当者も伴走支援に一緒に参画、そのノウハウを伝播していくことを目指しました。まさに地域社会の実証実験を試行的に行おうとしたのです。後で述べるように、この取り組みは後に関東地域のみならず全国に展開していくようになりました。

結果として、対象企業は、福島のときよりも比較的規模が大きな、地元の中核となる企業が中心となりました。

官民人材の融合

新しい部署での官民合同チームは、役所側から若手を中心に5、6名を、民間からは公募で10名程度を採用して作りました。公募では、予想を上回る100名以上の方に手を挙げてくださいました。多くは中小企業診断士の資格を持った方や、大手企業に勤めて定年退職になった方などでした。倍率10倍以上となったわけですが、書類審査や面接を経て採用した方はいずれも素晴らしい経験と識見を備えた方でした。私は、地方の企業支援のために役に立ちたいと思っている多くの方が世の中にはいるのだとありがたい気持ちになりました。そして、こうした多くの方が力を合わせれば、地方経済の再生は決して無理ではないという確信も持ちました。

こうして発足したチームでは、やはり官民2人ペアで、地域の企業に出かけて伴走支援を開始することにしました。最初に手を挙げていただいた自治体は、それぞれ産業集積上の課題を抱えているところでした。たとえば、かつて大企業の企業城下町として繁栄し、多くの下請企業が潤っていたものの、大企業の海外展開に伴い下請構造からの脱却を早期に図ることが求められていた町。あるいは多くの金属加工の小規模企業が集積しているが、国際競争の中でさらなる付加価値ある戦略が求められている町もありました。そうした自治体の担当者と打ち合わせを行い、地域を支える中核企業のうち、どの企業に伴走支援に入るか検討を重ねました。そして、地域の中核企業の経営者に伴走支援への協力を打診したところ、中には消極的な反応の企業もありましたが、比較的多くの企業から了解の返事をいただきました。そして実際に伴走支援をスタートさせてみると、一見順調に見えている企業であっても、様々な内部の問題を抱えていることが見えてきたのです。

次に、そうした企業が伴走支援を通じてどのように課題を克服し、潜在力を顕在化できるようになったかについて見ていきたいと思います。なお、企業が特定されないよう、あえて曖昧な記述にしている部分があることをご理解ください。

2　会社を変革する

(1) 企業体質強化

ある部品製造業の企業に官民合同チームが伴走支援に入りました。その企業は、雇用が数百名規模という地域を代表する中核的な存在で、多くの地域内企業と取引をしており、この企業が長期的な成長を確実にしていくことは地域経済にとって死活的に重要でした。チームの担当コンサルタントが経営陣との間で何度も「対話と傾聴」を繰り返していく中で、より本質的な課題を絞り込んでいきました。すると、会社の成長に伴って組織が大きくなり、セクションも多岐にわたるようになってくる中で、事業ごとの利益・原価管理ができておらず、各部門がどのような目標に向かって進んでいけばよいか従業員が理解できなくなっていったという問題が分かってきました。

このため、セクターごとの目標を定め、従業員に生産性向上のために必要な方向性を共有していくなど「経営の見える化」を進めていくことが重要な課題であることについて、経営陣と認識の一致をみるようになりました。しかし、経営陣は実際にその経営改革に踏み出すことには躊躇《ちゅうちょ》があるようで、そこを解きほぐすことが隠れた課題として浮かび上がってきました。実際には経営の権限を高齢の創業家が握っており、現経営陣としては、創業家が改革に理解を示すのは難しいと想定し、悩んでいることが分かってきたのです。

そこで、チームの担当コンサルタントが経営陣と一緒にその課題をどう乗り越えるか何度も話し合い、創業家が了解してくれるような社内改革案を作成していきました。そして、経営陣が創業家に改革案を持っていって相談したときは緊張が高まる瞬間でしたが、実は創業家も会社の経営がこのままでよいのだろうかと不安を持っていたようです。創業家は「やってくれるのか」と言って、ゴーサインを出してくれました。こうして経営陣も当事者意識を持って改革に取り組むことができるようになりました。次第に従業員のモチベーションも上がり、結果的に売上と利益が向上するなど、数字に表れる形で体質の改善に成功することができました。

社員の変革と成長

もう一つ別の事例を紹介しましょう。やはり製造業で、センサーなどの部品組み立ての下請を行っている会社に伴走支援に入ったケースです。創業オーナーから引き継いだ社長は、下請からの脱却を図るとともに、利益率の高い自社製品部門を作って新たな成長を目指そうと、新しい経営計画の策定を検討していました。そんなときに地元の自治体から官民合同チームを紹介されたのですが、当初、社長はこの伴走支援にあまり期待はしていませんでした。

最初に官民合同チームの担当コンサルタントは、その経営計画をしっかり実行できるか、何か課題があるのかという観点から、社長の了解を得て社員にインタビューを開始しました。すると、人材要件や評価基準が明確でないとの意見があり、適切な人事評価基準作りが隠れた課題として浮かび上がってきたのです。社長にそのことを報告すると、「給与や評価に不満を持っている者がいる」というような伝わり方になってしまい、厳しい反応を示しました。しかしながら、その後担当コンサルタントとの対話を重ね、その真摯な取り組みを見て次第に、社長の立場では認識しにくかった人事面の課題と向き合うようになりました。そして、創業時から変わっていなかった給与テーブルを変え、評価基準作りに着手するようになったのです。

また、担当コンサルタントは、経営計画作りを担当する社員で構成されるコアチームのサポートを行い、社員が当事者意識を持って発言できる場作りを整えていきました。コアチームの社員は次第に積極的になり、最後は社長に対しても臆せず会社のために良いと考えることをどんどん発言するようになりました。こうして、彼ら社員の言葉を借りれば〝自分たちの言葉で魂を込めて〟納得のいく経営計画を作ることができたとのことです。何より、このプロセスを通じて社長は社員の成長を実感できるようになりました。「おかげで、社員が成長できた。官民合同チームは、気づかないところを気づかせてくれた」。のちに社長は官民合同チームに対してこう語ってくれました。

一方、コアチームを取りまとめた中核社員からも、「社長が一番変わった。今まで以上にコミュニケーションの機会が増え、自分たちも能動的に動けるようになった」とのコメントがありました。今では、この会社は、社員の教育制度や新しい生産ライン構築、自社システムの開発など新たな挑戦に自ら課題設定して取り組むようになりました。まさにイノベーションを生み出す組織風土が育ち始めているようです。

チェンジ・エージェント

このように、対話と傾聴を主体とした伴走支援を契機に、会社組織が成長に向けて自己変革していく行動を自ら取り始めていくことが分かってきました。これは、伴走支援者である官民合同チームがいわゆるチェンジ・エージェント（変革の推進者）の役割を果たしたということだと思います。こうして官民合同チームでは、各社に対して、間を空けながらも約1年間支援を続け、その後半年ほどフォローアップを行うという業務標準を作り、伴走支援の知見の形式知化（マニュアルの作成）と暗黙知の伝承（研修や現場での口伝等）を進めてきました。なお、支援フローについては図表2－1を参照ください。

結果的にチーム発足から3年間で約40社に対して支援を行い、新型コロナウイルス感染症の拡大という厳しい時期ではありましたが、売上、利益、従業員一人当たり給与水準のいずれも、同時期の企業平均に比べ有意に高いパフォーマンスを示すことができました。何より、会社にとっては、何か課題が出てきたときにそれを乗り越え、環境変化に適応しようという体質ができ上がっていったことが大きいと思います。こうして、被災地以外の地域において

図表2－1：官民合同チームの支援フロー

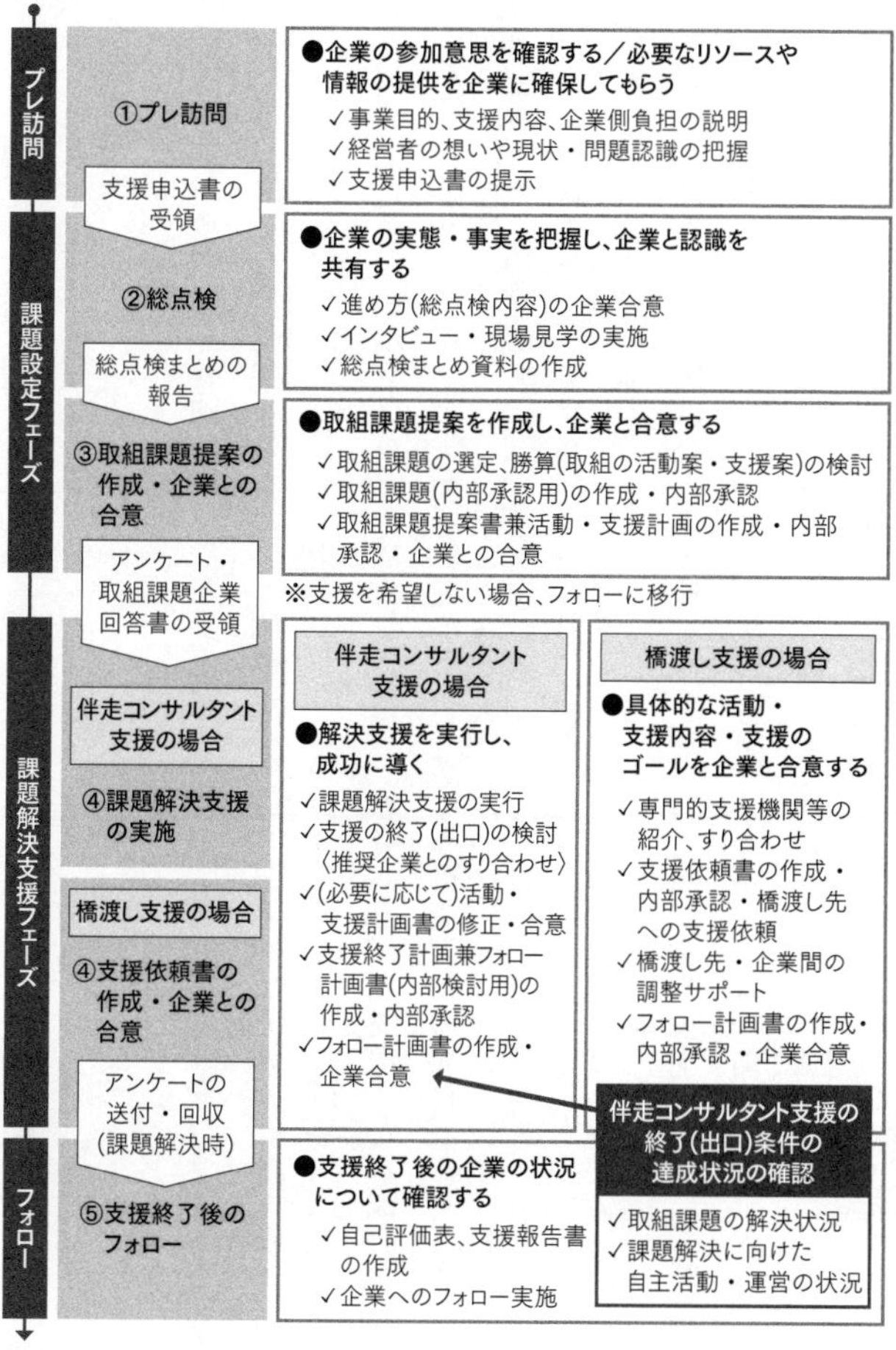

プレ訪問
①プレ訪問
支援申込書の受領
●企業の参加意思を確認する／必要なリソースや情報の提供を企業に確保してもらう
✓事業目的、支援内容、企業側負担の説明
✓経営者の想いや現状・問題認識の把握
✓支援申込書の提示
課題設定フェーズ
②総点検
総点検まとめの報告
●企業の実態・事実を把握し、企業と認識を共有する
✓進め方(総点検内容)の企業合意
✓インタビュー・現場見学の実施
✓総点検まとめ資料の作成
③取組課題提案の作成・企業との合意
アンケート・取組課題企業回答書の受領
●取組課題提案を作成し、企業と合意する
✓取組課題の選定、勝算(取組の活動案・支援案)の検討
✓取組課題(内部承認用)の作成・内部承認
✓取組課題提案書兼活動・支援計画の作成・内部承認・企業との合意
※支援を希望しない場合、フォローに移行
課題解決支援フェーズ
伴走コンサルタント支援の場合
④課題解決支援の実施
橋渡し支援の場合
④支援依頼書の作成・企業との合意
アンケートの送付・回収(課題解決時)
伴走コンサルタント支援の場合
●解決支援を実行し、成功に導く
✓課題解決支援の実行
✓支援の終了(出口)の検討〈推奨企業とのすり合わせ〉
✓(必要に応じて)活動・支援計画書の修正・合意
✓支援終了計画兼フォロー計画書(内部検討用)の作成・内部承認
✓フォロー計画書の作成・企業合意
橋渡し支援の場合
●具体的な活動・支援内容・支援のゴールを企業と合意する
✓専門的支援機関等の紹介、すり合わせ
✓支援依頼書の作成・内部承認・橋渡し先への支援依頼
✓橋渡し先・企業間の調整サポート
✓フォロー計画書の作成・内部承認・企業合意
伴走コンサルタント支援の終了(出口)条件の達成状況の確認
✓取組課題の解決状況
✓課題解決に向けた自主活動・運営の状況
フォロー
⑤支援終了後のフォロー
●支援終了後の企業の状況について確認する
✓自己評価表、支援報告書の作成
✓企業へのフォロー実施

（出所）「経営力再構築伴走支援ガイドライン」より

も、伴走支援によって企業の潜在力を引き出せることが実証されるようになりました。

(2) 事業承継

伴走支援は事業承継にも有効です。伴走支援は、会社の本質的な課題を浮き上がらせるものですが、誰が事業を承継するのかという問題は本質的に最も重大だからです。そして、中小企業にありがちな関係者間の濃密な関係ゆえのしがらみや、ともすれば感情的となってなかなか合理的に進まない承継プロセスに対して、第三者である伴走支援者が客観的な立ち位置で助言を行うことで、意思決定を前に進めることがより可能になる場合があります。中小企業の事業承継は、ある意味で非連続なイノベーションと自己変革を生み出す最大の好機と言えます。だからこそ、承継プロセスは非常に重要であり、伴走支援者にとっても、非常に大切な局面だと言えるでしょう。

事業承継における伴走支援は、大まかに言って2つの局面があります。第一に、特に高齢のオーナー経営者が、どのように跡継ぎを決めて承継するかという局面です。官民合同チームの取り組みでは、こうしたケースで経営者に対する伴走支援を続けた結果、高齢の経営者が事業承継を早期に行う必要性を認識するに至り、家族の前で息子に経営を承継する宣言をしたケースもありました。第二に、事業承継したばかりの若い世代の新しい経営者がマネジメントに苦労する局面です。古参の社員がいる会社を掌握し、リーダーシップを発揮して自らの経営を確立する局面においても、伴走支援が有効だと考えられます。次の事例はそうした局面を控えて早めに手を打ったケースです。

官民合同チームが支援に入ったある企業は、従業員が２００人程度の比較的大きな規模で、跡取りを約束された経営者の娘である役員の方がいました。チームの担当コンサルタントが現経営者の父親と対話していく中で、次期経営体制の構築が重要な課題として浮かんできました。一方、従業員にインタビューしていくと、その役員が後継者であることは皆知っていたものの、彼女のリーダーシップや現場への理解度に対してかなり不安を持っていることが分かってきました。これを受けて、担当コンサルタントは、現社長と相談した上で、その後継者役員と、彼女と同世代の部長６名によるコアチームを立ち上げ、中期経営計画を策定してもらうようにしました。あくまでこのコアチームが主体的に考え、作り上げていくようにし、担当コンサルタントはバックサポートに徹しました。このコアチームは、かなりの頻度で会議を行い、皆、へとへとになるまで議論を重ねていったようです。

こうした濃密な期間を経て、後継者の方はだんだんリーダーシップを発揮する姿が目立つようになり、また、彼女自身も議論を引っ張るために現場に頻繁に足を運んだことで、現場にも詳しくなっていきました。また、コアチームの部長たちも、これまでは自分の部署のみを考えていて、他部門には首を突っ込まなかったのが、だんだん「会社全体としてこうあるべきだ」といった提案をするようになっていきました。現経営者から見ても、部長陣が「物事をより経営的に考える力がついたと感じる」と社員の成長を実感するようになりました。結果的に、中期経営計画を次世代がオーナーシップを持って策定することができ、円滑な事業承継の下地作りができたとのことです。

(3) 人材確保

我が国の人口減少が加速する今日、多くの企業にとって人材不足は非常に大きな問題となっています。しかしながら、「良い人材がなかなか集まらない」「すぐ辞めてしまう」と悩んでいる経営者の課題の真因（root cause）をたどると、より重要で本質的な経営課題に突き当たることが多いと感じます。

たとえば、私が福島の被災地で開業していたある事業者の人材募集を手伝ったときのことです。この事業者は当初、人材マッチングに参加したり、求人雑誌に掲載したりといろいろ対策を講じたものの人が集まりませんでした。そこで、事業者に対して、この店をどのような店にしたいのか、夢を語ってもらい、一緒に働く仲間としてどのような人に来てほしいのかインタビューし、その内容を経営者や従業員の写真とともにネットに載せたところ、すぐに人材の応募があり人員確保できたということがありました。加えて、既存の従業員の意欲も高まり、事業が前に進んでいきました。これは、人手不足というのは表面的な課題であり、実際は経営者のビジョンと発信力がより本質的な課題だったことを示すものです。[*1]

別の事例を紹介しましょう。従業員１４０名程度の卸売業の会社で、先代の後を継いだ現社長が、取扱量の増大に伴う現場の人手不足の課題に直面していました。官民合同チームが伴走支援に入り、対話と傾聴を繰り返す中で、人手不足の隠れた原因として、物流業務が非効率的で、会社全体の業務が平準化されていないという問題が根っこにあることが分かってきました。しかしながら、その対策の実行には、社員全体の理解と当事者意識の醸成が不可欠であったため、最初は社長も簡単に一存で進めることが難しい状況でした。そこで、比較的手を付けやすい別の現場改善活動を社長提案の下で従業員と進め、そうした中で古参の社員とのコミュニケーションも深めて間合いを詰めていきました。そうした活動によって組織内がほぐれて社長の自信もついてきた頃合いを見て、いよいよ物流業務の効率化と会社全体の業務平準化に向けた取り組みを開始することになりました。各部門から1名ずつ参加したタスクフォースを結成し、会社全体の観点からどうあるべきかを議論してもらうようにしたのです。

最初緊張していたメンバーも、次第に自主的に集まり、改善案のブラッシュアップを行うようになりました。タスクフォースメンバーは部門・役職横断的な人選だったため、次第に「これは言ってはいけない」という雰囲気がなくなり、「会社全体としてどうやったら改善できるのか」という会話が増えていきました。いわゆる心理的安全性が確保されるよう、官民合同チームは議論をファシリテートしていきました。

結果的に皆が納得いく形で業務プロセスを再構築することができましたが、それだけでなく、業務進捗の見える化やＩＴ化など現場の改善施策がボトムアップで生まれるようになりました。そして、業務時間が短縮できたことで生まれた時間を更に業務短縮のアイデア出しに使うという好循環につながり、現場の社員が主体的に改善に取り組む流れができました。何より、会社全体に、能動的に動いていこうという空気が醸成され、若手社員からも「先輩に相談しやすい環境になった」「私にもできるのではないか。新しいことに挑戦したい」という声を聞くようになりました。結果的に離職率も下がり、人手不足の課題を克服できるまでになりました。これもまさに、企業が自己変革し、社員の潜在力が引き出された好事例だと思います。

3　役所仕事を変える

課題解決型支援から課題設定型支援へ

このような伴走支援の取り組みは、行政の仕事にも変革をもたらしました。従来、補助金の窓口となる役所は自ら現場に赴くことは少なく、補助金を活用したいと思う中小企業の事業者のほうから行政にアプローチします。行政のほうは、たとえワンストップにしていると言っても、基本的には待ちの姿勢です。また、事業者が「こういう課題がある」と問い合わせたとしても、行政側は「それなら、こういう補助金があります」という、事業者の自己診断に基づいた、いわば課題解決型の支援策提供が一般的です。

図表2－2：課題解決型支援と課題設定型支援

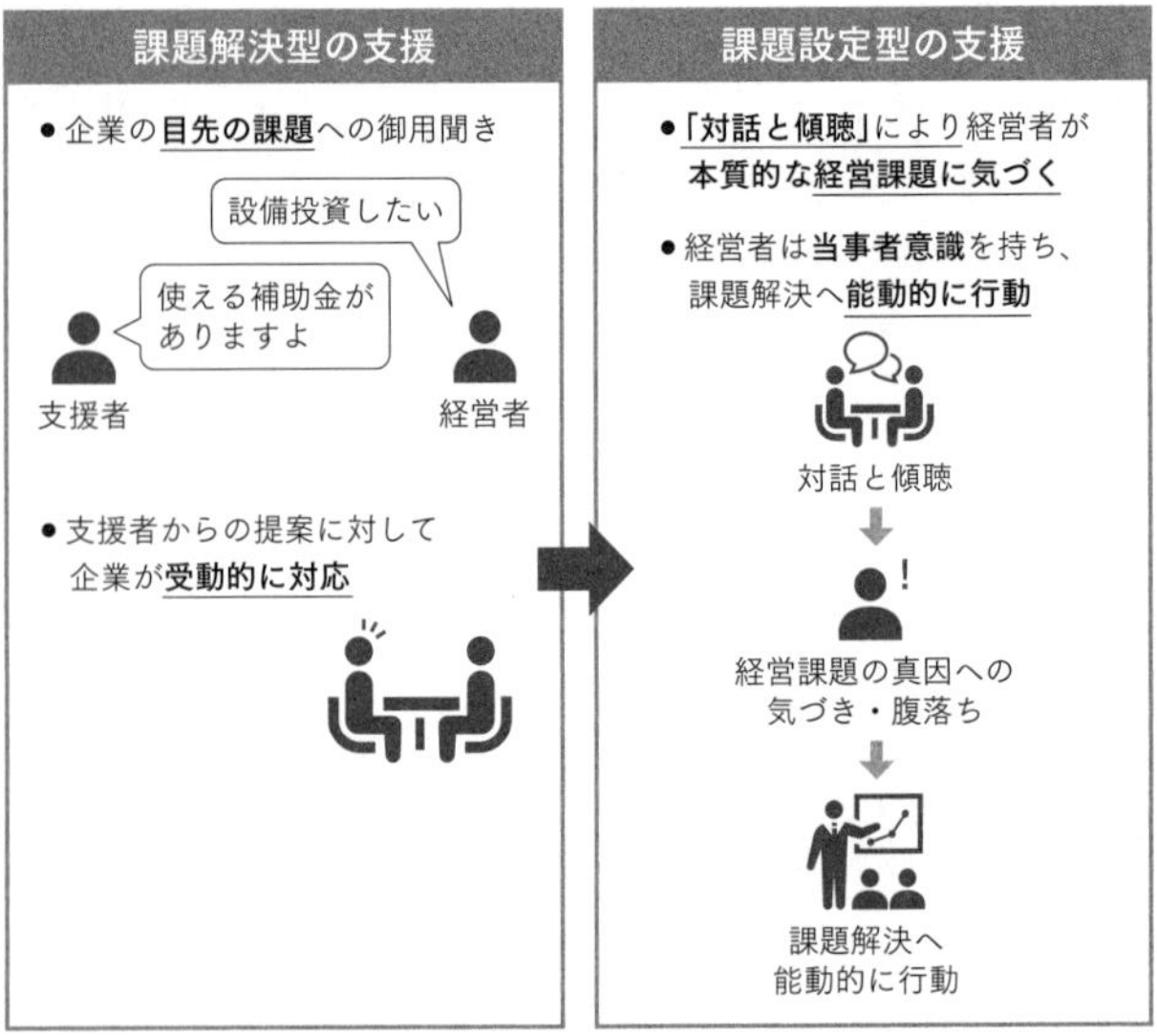

それに対して、この伴走支援は、行政職員のほうから出かけていって、何回も継続して経営者や従業員と対話を続けていくわけです（図表2―2）。

こうした業務を通じて、行政職員が、表面的な課題解決型支援だけでなく、経営者の課題設定の段階から対話することで、より深く中小企業経営について理解できるようになりました。各支援先企業へは担当の官民2人1組のペアで行きます。シニアの民間経験のあるチーム員が経営者とやり取りする状況を、若い行政職員が見て、学びます。会社への訪問前に、どうすればこの企業の課題に取り組んでいけるか、官民ペアの担当同士が熱く議論しながら打ち合わせし、訪問後には振り返りを行いながら、どうすれば経営者の信頼を得られるか更に議論を重ねていく。こうしてシニアの民間人材の経験値が若い公的部門の人材に伝授されていきます。一方、補助金など支援制度の詳細といった行政に関わる知見は、官の職員が民間チーム員に伝授していきました。

かくして企業の自己変革だけでなく、行政側の職員の自己変革にもつながっていったのでした。官民合同チームに参画した若い職員の目がみるみる輝いていくのを私も見てきました。そして、単に予算執行のため補助金や制度の説明だけ行っていた人が、中小企業経営の深いところまで理解して事業者と接するようになり、経営者の信頼を獲得していくのを見て、人材育成の手ごたえを感じました。何より、民の知見と官の知見のシナジーを実感することができました。ある人が「これは行政手法のイノベーション」だと言ってくれたのを今でも憶えています。

個社支援の意義

一方、公的機関の伴走支援は、税金を投入して行うものであり、その効果性と効率性、そして公平性が求められます。

前述したように、職員が伴走支援を通じて中小企業経営に深い理解を得ることは、政策立案や予算執行など行政能力を高める上で大きな効果を生むものと考えられます。ただ、伴走支援自体に一定の時間と手間がかかるため、支援の過程を通じて得られた知見を蓄積して、更に効果的に他に波及させ、学習効果（ラーニングカーブ）を効かせていくといった効率性が大変重要になります。さらに、効果性や公平性の観点からも、点から面への展開が重要です。単に一企業の支援だけでなく、その企業の成長を通じて地域経済全体に効果が波及していく、といった効果を目指すことも大切ですし、伴走支援のノウハウが地方自治体や様々な支援機関に共有されて、より多くの中小企業・小規模事業者にその恩恵が広がっていくような仕掛け作りも重要です。

そこで、関東地域の取り組みは、研修などを通じて、全国の経済産業局、各都道府県のよろず支援拠点、全国の商工団体などにも広げ、経験値の共有を進めながら一層効率的・効果的に伴走支援に取り組んでいけるようにしました。また、いくつかの地方自治体においても、こうした活動に共鳴いただき、独自に関連予算を計上し、同様の取り組みを始めていくようになっています。最初は、自治体職員からは個社支援について、公平性の観点から慎重な意見もありましたが、単に一社支援にとどまるものでなく、前述したような様々な効用が地域全体に広がる意義を説明し、理解を得るようになりました。この「点から面へ」の取り組みはまだ道半ばです。私たちチームの経験値・ノウハウが、地域経済活性化のためのソフト・インフラとして、広く社会に活用されるよう、内容を充実させ、より多くの企業に理解を広げていくことが大変重要だと考えています。この点については第４章でもう少し詳しくお話ししたいと思います。

４　経営の沼地

表課題と裏課題

さて、このように官民合同チームが様々な企業に対して伴走支援を続けていくと、ある共通のパターンが見えてきました。たとえば、支援が入るきっかけとなった最初の課題は、「人が足りない」「新しい工場を建てたい」あるいは「補助金を申請したい」といった表向きの課題が多いものの、支援の過程で内部の状態が分かってくると、これまで見えていなかっ

図表2－3：表課題と裏課題

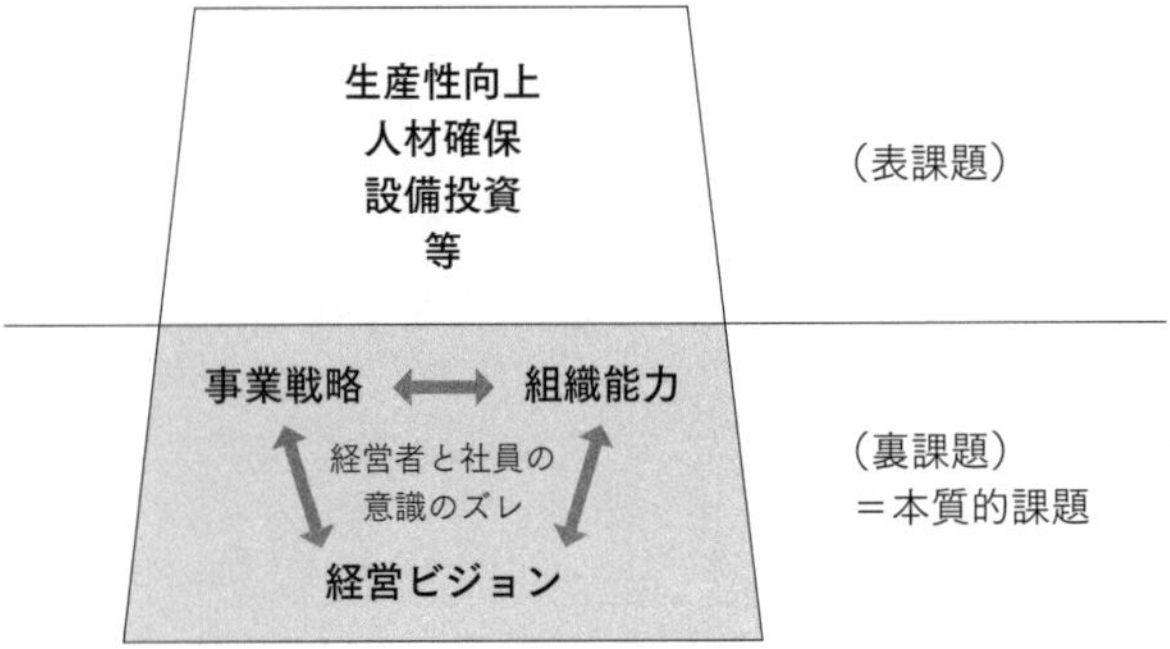

た隠れた課題が見えてくるようになったのです。官民合同チームは、これを「表課題」「裏課題」と呼んでいます。裏課題は、経営者自身が気づかなかったか、漠然と課題だと気づいてはいても向き合ってこなかったものが多い印象です。こうした裏課題こそ、より本質的な課題と言えます。チームのこれまでの経験では、特に経営ビジョン・理念や事業戦略、組織能力に関して、経営者や社員の間でコミュニケーションや意識にズレがあるところに裏課題が隠れていることが多いように思います。まさに表課題は氷山の一角であり、その下に大きな本質的な裏課題が潜んでいると言えます（図表2－3）。

潜在力を封じ込めるもの

こうした裏課題は、企業が本来持っている力を封じ込めてしまっています。その要因とはどんなものでしょうか。官民合同チームが関わってきた企業から見えてきた象徴的な点をいくつか列挙してみましょう。[*2]

第一に、経営が「見える化」されておらず、組織で経営がなされていないこと。経営者がワンマンであったり、プレイング・マネージャーになってしまったりといろいろなケースがあります。こういう企業は、往々にして経営者が頭の中で考えて社員に指示してしまいがちで、経営の見える化がなされていません。このため、従業員は自分で判断する権限も力も育たず、結果として指示待ち状態になってしまいます。このボトムアップの弱体化した状態が潜在力を封じ込めています。

第二に、経営トップと従業員、各部門間で意識の乖離があること。経営者がビジョンや経営計画を作ったとしても、それが絵に描いた餅になってしまっており、経営会議も機能していない状態が続きます。ＰＤＣＡサイクルを回す仕組みがなく、課題が放置されがちな場合もあります。部門の長や現場の従業員は、目の前に問題があることは分かっているのですが、社長に進言しづらく、部門間の調整が大変であり、自分が言い出すと責任を取らなければならないため、課題に向き合うことを恐れてしまいます。この結果、後継者や中核人材が育ちにくい環境となります。ただ、経営者自身も忙しいため、組織について考える時間がない、いわば〝重要なんだけど緊急ではない〟問題として後回しにされがちです。

第三に、人間関係。特に、社内の人間関係が経営の重石となっている場合があること。たとえば経営者にとっては、創業家や古参社員への遠慮、そりが合わない幹部社員の存在などがあり、なかなかリーダーシップが発揮されないケースがあります。経営陣がワンチームとなることができず、逆境に弱い組織になってしまいます。何か新しいことを行おうとすると批判されるリスクがあり、事なかれ主義に陥ってしまう可能性があります。

いかがでしょうか。うちの会社に当てはまるかもしれないと感じた方もおられるのではないでしょうか。

プロセス・ロス

逆に言えば、こうした経営者が直面する頭の痛い問題、できれば向き合いたくない問題、〝重要なんだけど緊急ではない〟問題と対峙することで、初めて会社組織の潜在的な力を封じ込める重石を取り除くことができます。中村和彦先生は、社会心理学者スタイナー博士の提唱として、以下の式を紹介しています。[*3]

実際の生産力＝潜在的な生産力－プロセス・ロス

プロセス・ロスとは、組織の中の人間同士のプロセスに起因するロスのことであり、手を抜いたり、もたれ合ったり、あるいは足を引っ張り合うというのもあります。中村先生は、「日本企業における現代的課題のほとんどは、このプロセス・ロスに当てはまる」と語っています。

傾聴された経験のない経営者

こうしたプロセス・ロスが組織に蔓延《はびこ》ると、経営に重大な問題が出てきます。たとえば、経営トップの売上至上主義からくるプレッシャーを受けて、現場がトップに忖度《そんたく》した間違った情報を報告したり、場合によっては不正に手を染めたりするリスクも出てきかねません。そうした組織風土を作ってしまった経営者の責任と言えばそれまでですが、その根底には、組織内における対話の不足、さらに言えば、経営者自身が対話と傾聴の経験を持っていないという実態があると思われます。逆に、もし経営者が従業員と対話と傾聴を行う経験を重ねていれば、現場の能動的な判断と行動につながり、リスクマネジメントの面でも大きな効果をもたらすと言えます。

過去に自身の話が傾聴されたことによって自己変革できた経験を持つ経営者は、今度は、自身が進んで傾聴する側に回っていきます。ある人から聞いた話ですが、癌患者をケアしていた医師が「傾聴された経験は、その後の人生を変える。だから私も傾聴するのです」とその人に語ったそうです。困難な状況にある人が誰かに話を聞いてもらうことでその人の生き方が変わるのを間近に経験したとき、傾聴の価値を心に刻むことができるのだと思います。

このようにして、「対話と傾聴」は人々に伝播していくものなのです。

沼地から高台へ

さて、以上述べたように、会社に様々な裏課題があって、本来持っている経営力が封じ込められているため生産性がなかなか上がらない状態、プロセス・ロスを引きずっている状態を視覚的に捉えるためにここでは「経営の沼地」と呼んでみたいと思います。経営者も従業員もみんな頑張っているんだけど、本来の力が十分発揮されない。環境変化に対応しようといろいろなことをやってみるが、定着せず空回りしてしまう。いわば泥濘《ぬかるみ》にはまってしまって前に進めないような状態にある経営者の方は多いと思います。もちろん自力で抜け出して高台に登っていく実力ある経営者もおられますが、そういう方ばかりではありません。

こうした沼地にはまった状態は、組織として経営資源が有効に活用されずに生産性が低い状態が続いていることを意味し、会社としても好ましいことではありません。経営者がプロセス・ロスを認識し、「経営の沼地」から脱出していこうという意思を持つことで、潜在的な力を引き出す道が切り開かれていきます。伴走支援は、いわばそうした沼地から高台に這い上がるために差し出された〝手綱《たづな》〟のような役割を果たすものでしょう。裏課題の把握とは、そのための脱出ポイントを発見することに他なりません。経営者や支援者の方には、会社が経営の沼地に入り込んでいないか、どうやって抜け出して見晴らしの良い高台に登れるのか、ぜひ話し合っていただきたいと思います。

５　「聞くこと」と「話すこと」

傾聴という対話の姿勢

ここまで話してきたように、伴走支援の肝は「対話と傾聴」。特に、経営者の話をよく聞くということでした。この「話を聞く」という点について、私見ながらもう少し深く掘り下げてみたいと思います。もちろん私はその道の専門家ではなく、あくまで支援現場からの土臭い感覚で申し上げることをご寛恕《かんじょ》ください。

聞き手（伴走者）が、相手（経営者）の話を真摯に聞こうという対話の姿勢を示すことを通じて、相手は自身の悩みなり課題なりを整理して聞き手に伝えようとします。場合によっては、経営者本人も自身の頭の中で整理できていなかったことが、誰かに話すことによって言語化され、自分自身が新たな気づきを得ることもあります。そして、それによって、自分の置かれた状況をより客観的に把握することができるようになります。聞き役である伴走者は、最初から「診断モード」で「貴方はこうすべきだ」などと、上から目線で安易に断定しないことが大事です。

聞くこと、すなわち、相手に話をさせるということは、その人の具体的な情報を獲得しつつ、本人の気づきや自覚を促す行為でもあります。そして、これこそが本人の当事者意識と動機づけをもたらす原動力になるのです。ベースとして、本音の話ができる対話環境と信頼関係が必要であることはいうまでもありません。

「ただ聞くこと」の効用

阿川佐和子さんの『聞く力』（文春新書、２０１２年）というベストセラーがあります。私は、伴走支援を展開した後でこの本を知って読んだのですが、改めて伴走支援の取り組みと符合することが多いと感じました。特に印象に残った一節は、臨床心理学者の河合隼雄さんとのやり取りが紹介されている部分です。阿川さんが河合さんとの対談で、「カウンセリングの中で患者さんにどのようなアドバイスをされるのですか」と問いかけると、河合さんが「アドバイスはいっさいしません」「僕はね、ただ相手の話を聞くだけ。聞いて、うんうん、そうか、つらかったねえ、そうかそうか、それで？って、相づちを打ったり、話を促したりするだけ」と答えられ、驚いたというお話です。[*4] なぜアドバイスをしないかというと、「アドバイスが相手本人に有効に働いたら良いが、何かがうまくいかなかったとき、そのアドバイスが間違っていたと思い込んでしまう」「すべての不幸をアドバイスのせいにして、他の原因を探さなくなってしまう」ということでした。「ただ聞くこと。それが相手の心を開く鍵なのです」というお話に、阿川さんは後ろ盾を得た思いだったということです。

これは、中小企業経営者に対する伴走支援についても通じる部分があります。たとえば、企業経営者は、コンサルタントに対してお金を支払ってアドバイスを提供してもらうわけですが、その支援に納得いかなかった場合に、コンサルタントに対して不満を持つことがあります。その不満がもっともだという場合もあるかもしれませんが、もしかすると本当は経営者あるいは会社自体にも問題があるのかもしれません。しかしながら、そのことに気づかずに相手の支援の進め方に不満の要因を見つけようとするケースもあるわけです。

それに対して、支援する側が「聞くこと」を貫けば、経営者にとっては、鏡を見てシャドーボクシングしながら自らの姿勢を直していくように、自らの本質的な課題を洞察する機会となります。そして、経営者が「自分にも原因の一端があるかもしれない」「自分自身が変わらなければならない」という気づきを得ることにもつながります。河合さんのカウンセリングの考え方に近いように思います。

ある知り合いのコンサルタントが私に言ったことがあります。「最高のコンサルティングとは、クライアントの経営者が、自分がコンサルティングを受けたと思わないことだ」と。クライアントが自分自身で考え、自分の判断で今に至ったのだと信じている状態が最も当事者意識を発揮した状態であり、そうなるよう、うまい聞き役を演じたコンサルティングを目指すことこそが重要だという意味でした。ミヒャエル・エンデの有名な物語の主人公モモのような存在かもしれません。これも「聞くこと」とは何かについて、深い示唆を与えてくれるものだと思います。

「話すこと」

一方、聞き役である伴走者が「話すこと」もあります。その場合の「話すこと」とは、経営者自身がこれまで語ってきた具体的な内容について、伴走者側がいったん整理し、要約し、あるいは別の事例を引き合いに出しながら、話を一般化する作業でもあります。それによって、相手の経営者は、「なるほど。私が話をした課題というのは、そういうことなのだ」と納得したり、「それは私が言いたいこととちょっと違うな」とわずかに反発したりすることがあります。そうした手探りの対話の中で、互いの微かなシグナルを読み取りながら、経営者と伴走者が徐々に信頼関係を作っていき、より納得感のある対話へと深めていきます。聞き役側の伴走者は、普段は「傾聴モード」だったとしても、信頼関係が築かれた後になりますが、ある段階で「向き合いモード」になる必要があるのです。これが経営者の気づきと腹落ちにつながります。

「話すこと」とは何なのか。相手の話を聞くことで引き出された相手の具体的情報について、その客観的な意味を相手本人に理解してもらうために、より一段抽象度の高い（あるいは同レベルの具体性のある別の言葉だが、それらに共通する、より普遍的な意味合いを持った）言葉で伝え、相手に何らかの気づきを与えるということではないでしょうか。

一つ例を出しましょう。ある会社の経営者は、私たちチームの伴走支援を受け入れたのですが、何でも自分が中心になってやらなければならない、従業員に責任を押し付けてはいけないと思っていました。伴走者は、支援を開始してからしばらくは「傾聴モード」を続けていましたが、信頼関係が築けたところで、あるとき「向き合いモード」になり、「中枢の人がスーパーマンではダメですよ」とその経営者に伝えたのです。これ自体は抽象化された表現ですが、経営者はその言葉にはっとさせられ、自らを内省し、変わるようになりました。そして従業員にもある程度責任と権限を委ねていくようになり、やがて社員からリーダーが育つようになりました。

こうした事例は、聞き役が「話す」意味を示しています。そして、話を聞いてもらった経営者からすれば、聞き役からの話を受け止めることで新たな気づきが生まれ、それが新たな発想や発見のチャンスにつながります。つまり、対話がイノベーション、創発を生み出すと

図表2－4：対話の概念図

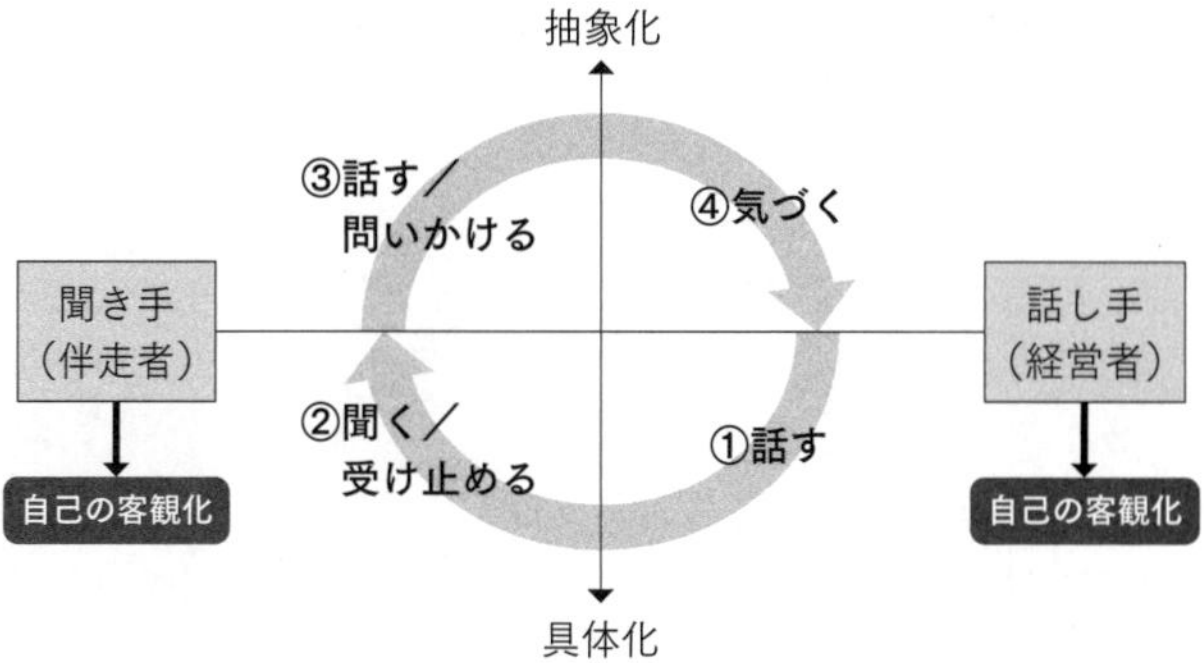

も言えます。

　結局のところ、対話というものは、こちらが聞くことによって相手がより深く主観的で具体的な情報をさらけ出してくれたものを、もう一段高い客観的で抽象的な内容に押し上げて戻すという作業であり、この相互作用の繰り返しが対話に深みを与えていきます（図表2－4）。言い換えれば、具体と抽象の往来の中で、話し手（この場合は経営者）が自己を客観化し、内省の質を上げ、新たな自己発見に導いていくプロセスこそ「対話と傾聴」の本質ではないでしょうか。そして、これこそが自己変革プロセスの核をなすものと思います。

　聞き役が向き合いモードとなって「話すこと」はそれだけ、より熟練の技が求められるわけですが、その技術を磨くことよりも大事なのは、相手を思う心と姿勢、そして上から目線ではない〝対等なパートナー〟という感覚だと思います。

支援に携わる人からは、よく「対話と傾聴というけれど、何をどうやって社長と話したらいいんだ」という話を聞きますが、話し方の小手先の技術よりも、まずは聞き手の姿勢と向き合い方、そして誠意が大切だと感じます。聞き手（伴走者）は相手（経営者）の状況を理解しようとし、日ごと夜ごと相手のことを思い、一生懸命勉強するでしょう。そうした姿勢は必ず相手に伝わります。そうしてまた、対話の中で、伴走者自身も自己変革、自己成長につながっていくのだと思います。

＊1　人材確保対策については中小企業庁「人材活用ガイドライン」を参照のこと。https://www.chusho.meti.go.jp/keiei/koyou/hitodebusoku/guideline.html
＊2　関東経済産業局官民合同チームのチーフコンサルタントの分析を参考に筆者が整理。
＊3　中村和彦『入門　組織開発』P.75
＊4　阿川佐和子『聞く力』P.146 以降より

第３章

潜在力を引き出すメカニズム

1　なぜ伴走支援が必要なのか

伴走支援のモデル化へ

中小企業・小規模事業者に対する伴走支援を現場で実践してきた私に残った最後のミッションは、これまでの実証結果を踏まえ、伴走支援の手法を確立して、全国に展開することでした。私は中小企業庁長官として、これまで福島や各地の現場で会得してきた知見をブラッシュアップして、より多くの全国の中小企業経営者に伴走支援を届けることができるよう、同僚たちと一緒にその仕組み作りに精力を傾けました。まずは、経営支援の最前線で活躍している専門家の方々が参画した有識者会議を設立し、議論を重ねていただきました。その結果、「経営力再構築伴走支援モデル」という形で世の中に報告書を提示することができました[*1]。

その後、さらに商工団体や金融機関団体などの伴走支援関係機関を集めた協議会を設立し、その普及活動にみんなで取り組んでいきました。本章では、この伴走支援モデルを組織開発という理論の枠組みを活用しながらご紹介したいと思います。なお、この伴走支援モデルの実践版としてガイドラインも作成、公表しています。巻末にURLを載せていますので、より実践的な内容についてはこちらも参照していただければと思います。本章では、その考え方の背景や骨格についてお話ししたいと思います。

経営環境の変化が加速する時代

まず、なぜ今、伴走支援が必要なのでしょうか。現在の世界経済や日本経済は、環境変化のスピードが激しい時代だと思います。新型コロナウイルスの感染拡大や様々な自然災害の脅威、ロシアのウクライナ侵略による世界的なエネルギー価格高騰・物価高、人口減少社会の中での人手不足、デジタル技術の加速的な進歩や地球環境問題への対応など、経営者が直面する問題は枚挙に暇《いとま》がありません。特にインターネットやSNSなど情報の流通が激しい時代、経営にはスピードが求められています。企業経営者は、こうした事業環境の加速度的な変化に適応し、会社を存続させていかなければなりません。そのためには、会社組織自体も変わっていくことが不可欠ですが、中小企業の経営者が単独で自身と会社を変えていくことは至難の業です。会社を変えていく必要性に気づいていない場合もあれば、変えなければと思いつつも日々の忙しさの中で思うように実行できない場合もあります。このとき、第三者が伴走しながら適切な形で自己変革を促し、そのプロセスを支援していくことが重要となってきます。[*2]

変革を求められる経営局面、多様化する職場環境

経営の変革が求められるのは、こうした外生的な環境変化の要因からだけではありません。企業内部から発生する様々な課題を乗り越えるためにも自己変革が必要な場合があります。殊に近年は経営者の高齢化で、事業承継やＭ＆Ａといった大きな経営のかじ取りの局面転換が求められています。

さらに、働き方改革とともに社員の多様性が重視される中で、従来のトップダウン的なマネジメントが時代の変化に追いつかなくなり、組織マネジメントの在り方自体が変わってきていることもあります。社員に残業を強いてブラック企業と言われないよう企業が労務管理に注意を払うのは今や当然の時代になりました。何より人口減少時代においては、人的資本としての従業員を大切にした経営が求められますし、他社と差別化して付加価値を生み出そうとするときに、従業員の個性や強みを活かした事業戦略が不可欠になってきます。このよ

うに、多様な社員の潜在力を引き出す経営に変革していくためにも、伴走支援の重要性が高まってくると思われます。

組織開発はもともとアメリカで生まれ、多様な人々が協働できるように様々な手法が発達してきました。[*3] 一方、これまでの日本においては、均質的な人材が集まる中で、組織をチームとしてまとめていく能力が優れていると評価されてきました。しかしながら、現在においては、かつて日本の組織のチームワーク作りに貢献してきた様々な仕組みが硬直化し、あるいは機能しなくなってきています。むしろ長期的なオーナーシップや雇用、取引関係の中で固定化された意思決定プロセスが、逆に調整コスト増加や生産性低下を招いている側面もあるのではないでしょうか。そうした観点から、自己変革して生産的な意思決定プロセスを取り戻すために、組織開発を活用する局面がますます求められていると思います。

公共財としての伴走支援基盤

現在、民間サイドのコンサルティングが大変発達しています。なぜわざわざ公的機関が伴走支援をリードする必要があるのでしょうか。私は、公的サイドの役割は、様々な民間部門の独自のコンサルティングを補完する、いわば協調領域を固めていくための土台作りだと考えます。先述したとおり経営を巡る環境は激変し、従業員の働き方も多様化している中、経営支援の在り方も複雑で多様化しています。事業の成長や承継などライフステージや規模に応じて、様々な変化要素を取り込みながらきめ細かく支援を行っていくことが求められます。こうした中で、民間コンサルティング企業や個人のコンサルタントがばらばらに暗黙知の中で支援を展開していくことは効率的とは言えませんし、そうした余裕は、地域経済が疲弊している我が国にはなくなってきていると思います。むしろ、支援の共通基盤となる知見やノウハウが蓄積され、その経験値が広く共有、活用されていくような仕組み作りが求められているのではないでしょうか。それは、中小企業や地域経済にとって、いわば公共財のようなものだと考えます。

もちろん、公的支援がすべてを行うことは無理であり、またそうすべきでもありません。民間支援者には、競争領域において多様なニーズに応じて、切磋琢磨しながら創意工夫で様々な支援手法を開発し、支援の質をさらに高めていくことが期待されています。したがって、公的支援が民間の事業を圧迫するということではなく、公的部門が伴走支援の基礎仕様を構築し、官民の支援者がそれを活用する。そうした中で良質な伴走支援が広がり、世の中の理解を得ていくことで、結果として民間コンサルティング市場の拡大にもつながっていくということではないかと思います。

特に、私たちが支援に入った現場の感覚としては、企業経営者の中には、過去の経験からコンサルティングに不信感を持っているケースが少なくありません。このため、このままでは経営者が第三者から支援を受け入れて経営を高度化させていこうという動きが広まらない可能性があります。経営者が支援を受け入れやすい土壌を作っていくために、いわばインターネットのプロトコールが作成されたことで世界中の通信機器がつながっていったように、経営者と支援者の間に、「こうやって対話と傾聴から入りましょう」といった共通コードのようなものを築いていくことは意味があるのではないでしょうか。そして、伴走支援の経験値を蓄積しながら、一定部分について暗黙知を形式知化して標準化し、それを様々な支援機関や自治体、民間支援者などが活用できるようにする作業基盤は公共性が高いものと考えます。経営者の真のニーズを満たすような良質のコンサルティングを世の中に広げていくためにも、企業と支援者が共に発展していく〝下地作り〟が今まさに求められているのだと思います。

そうした中で、たとえば福島や沖縄の中小企業診断協会などのように、民間支援と公的支援が協働した取り組みも進み始めています。こうした官民連携が今後さらに広がっていくことが、地域経済を支えていく上で一層必要になってくるでしょう。私は、そうした官民協調の輪を広げていくためにも、公的支援の役割を発揮させていくことが大切と考えます。同時に、民間の支援者の方々には、そうした公的支援の土台も活用しながら伴走支援の手法に磨きをかけて、中小企業経営者のために一層活躍していただくことを期待しています。

2　適応課題と「経営者の壁」

組織開発から見る伴走支援

前置きが長くなってしまいましたが、いよいよ企業組織の潜在力を発揮させる伴走支援のメカニズムについて話を進めたいと思います。なぜ伴走支援は、企業の自己変革と潜在力の引き出しに有効なのでしょうか。ハーバード大学のロナルド・A・ハイフェッツ教授は、その著書『最難関のリーダーシップ』（水上雅人訳、英治出版、２０１７年）の中で、世の中

図表３−１：技術的問題と適応課題

	技術的問題	適応課題
問題の定義	問題の定義が明確（何が問題かが分かっている）	問題の定義がはっきりしない（問題の発見に学習が必要）
解決策の特定	解決策が分かっている	適応が必要な課題で解決策が分かっていない
解決策の有無	既存の知識で実行可能	**既存の解決策がない**（既存の思考様式では解決できない）
解決手法	知識や技術を適切に使うことによって解決できる	既存の思考様式を変えて、行動を変える必要がある
作業の中心	高度な専門知識や技術を持った人（権威を持つ人）によって解決できる	関連する人々との探求と学習が必要
問題の在処	問題は自分の外側にある	自分自身が問題の一部であり**当事者**

（出典）「経営力再構築伴走支援ガイドライン」より

の課題には、「技術的問題」と「適応課題」があると唱えています。技術的問題とは、既に解決策が分かっており、既存の知識で実行可能である問題です。たとえば、運転の仕方が分からない人が教習所に行って技術と知識を習得し、運転免許を得る場合が相当します。

一方、適応課題とは、ハイフェッツ教授によれば、そうした〝専門的な知識や技術、過去の成功体験だけでは解決できない、いわゆる「答えのない課題」〟です。このような課題に取り組み前進させるためには、当事者が自己の価値観や信条を問い直し、新たな見方や考え方を見つけることで自らの行動を変えていく（自らを適応させる）

ことが求められます[*4]（図表3―1）。

現代の中小企業経営者に求められているのは、まさに適応課題への対応であり、そのためには改革に伴う痛みや喪失、自己の価値観の修正などを受け入れていく必要があります。

経営者の5つの壁

中小企業・小規模企業の経営者にとっては、先に述べたように様々な内外の変化に対応して自己変革を迫られる局面が増えています。そして、その局面で乗り越えるべき課題は、技術的問題として解決可能なものもあるかもしれませんが、多くは適応課題に相当すると思われます。

しかしながら、家族や従業員の生活と雇用を守ろうと日々の業務に追われている経営者が、この問題に真正面から向き合い、それを受け入れ、取り組むことは容易ではありません。それは、経営者にとっては、適応課題となかなか向き合えない様々な壁があるからだと考えられます。具体的には、次のような5つの壁が存在します。[*5]

①見えない

経営者が経営状況を把握しておらず、何が問題かを認識できていない状態。様々な情報の可視化ができていない、経営方針や事業戦略が「見える化」されていないなど、意思決定のプロセスや考え方がブラックボックスになっており、企業の各部門の行動が円滑に進まなかったり、財務の管理会計などが数値化されておらず、振り返りや検証ができない状態。

②向き合わない

経営者が現実を直視できず、課題設定とその解決に向けた対策の落とし込みができていない状態。経営者が過去の成功や失敗体験にとらわれて思い込みが働き、真の課題に気づかない、問題を認識する余裕がない、あるいは意識的に目をそらしている場合などがあります。

③実行できない

経営者が本質的な課題にうすうす気づいていたとしても、組織内外のしがらみや心理的障壁があり、その本質的な課題と向き合って実際に行動に移せない状態。経営者にとって、先代や後継者、親族の株主、従業員、取引先や金融機関など関係者とのしがらみや葛藤があり、

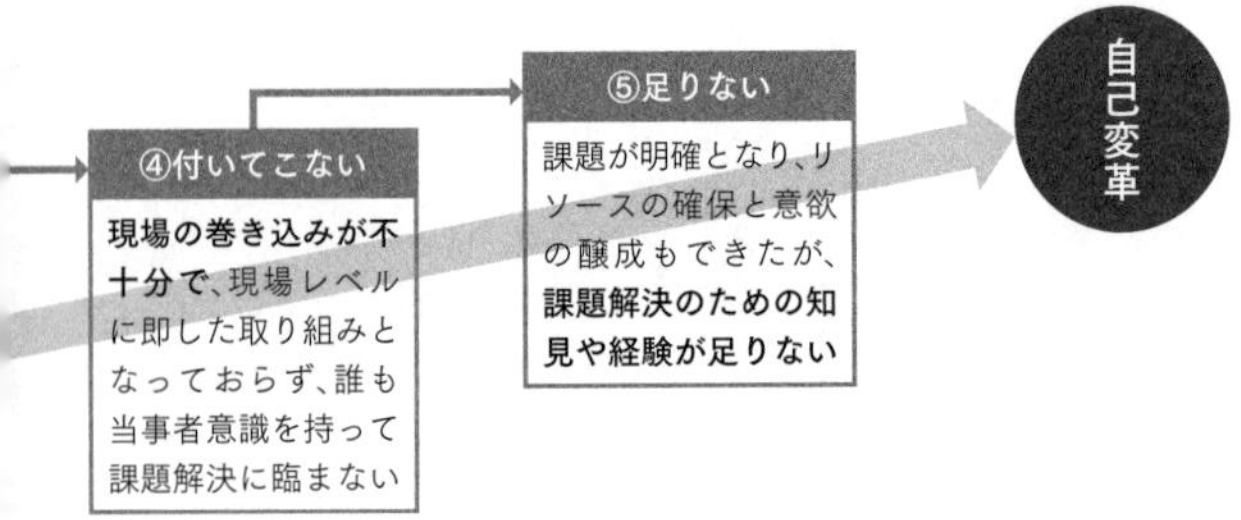

④付いてこない
現場の巻き込みが不十分で、現場レベルに即した取り組みとなっておらず、誰も当事者意識を持って課題解決に臨まない
⑤足りない
課題が明確となり、リソースの確保と意欲の醸成もできたが、課題解決のための知見や経験が足りない
自己変革

（出典）「経営力再構築伴走支援ガイドライン」より

なかなか一歩を踏み出せないということがあります。

④付いてこない

経営者がその課題に取り組もうとしても、現場の巻き込みが不十分で、現場レベルを踏まえた取り組みとなっておらず、従業員が当事者意識を持って解決に臨めるようになっていない状態。経営者がトップダウンで指示を出しても従業員にまで伝わらず、あるいは指示待ちの受動的な対応となり、現場レベルで主体的かつ能動的に考え、行動することができていない状況がよくあります。

⑤足りない

本質的な課題が明確となり、経営者本人と従業員の意識も共有されているものの、課題解決のための

図表3−2：経営者の5つの壁

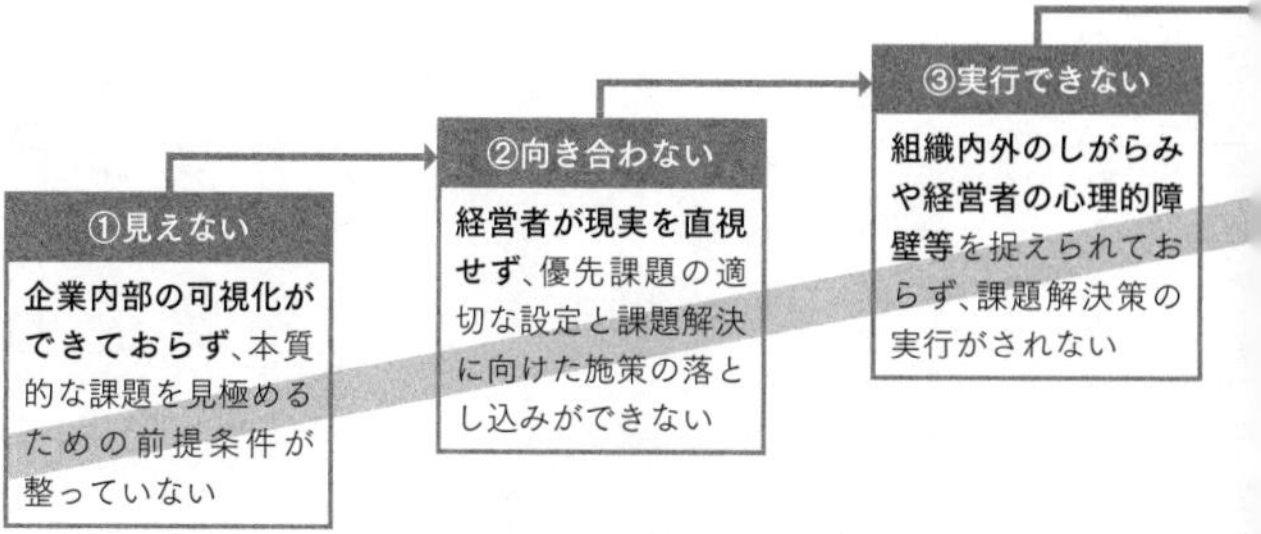
①見えない
企業内部の可視化ができておらず、本質的な課題を見極めるための前提条件が整っていない
②向き合わない
経営者が現実を直視せず、優先課題の適切な設定と課題解決に向けた施策の落とし込みができない
③実行できない
組織内外のしがらみや経営者の心理的障壁等を捉えられておらず、課題解決策の実行がされない

知見や経験が足りない状態。

最後の⑤は「技術的問題」に近く、外部の専門家などによる課題解決型支援で対応可能になるケースも多いでしょう。他方で②③④は「適応課題」であり、経営者や従業員の変革と適応が求められます。①は技術的問題と適応課題の両方を含むでしょう。

以上のように、現実には、５つの壁にそれぞれ技術的問題と適応課題が混在し、しかも日々の経営の中で様々な課題が異なるフェーズで表れる場合が多いと思われます（たとえば、①の「見えない」壁で、経営者が業績上の数値を把握していたとしても、組織上の課題が見えていなければ、それは経営者にとっての適応課題になりえます）。

このように、経営者が様々な「適応課題」の壁を乗り越えていく必要がありますが、その壁を経営者が単独で乗り越えていくのは多くの場合困難です。自己を客観視して自分自身に問題の原因があることに気づくことは容易ではないからです。そこで、先述のとおり第三者による支援が有効になってきます。また、適応課題に気づき、自己を客観的に内省し、変革につなげていく作業は当然ながら時間がかかります。そこで、一定の時間軸をもって伴走しながら支援していくことが必要となってくるのです。伴走支援は、こうした自己変革、適応課題への挑戦に対応した新しい支援手法なのです。

支援手法の変革――相手に働きかけ、変わっていく

これまでの数多くの中小企業支援策は、「中小企業にはヒト、モノ、カネ、情報など様々な経営資源が大企業に比べて欠如しているため、それを補うための支援策（たとえば補助金給付や低利融資の提供など）により、経営者が合理的に判断して課題を解決する」というモデルを前提として組み立てられてきたように思います。つまり、「技術的問題」への対処がテーマとなっていたと言えます。たしかに多くの中小企業において経営資源が不足しているというのは事実ですが、先に述べたように、たとえ経営資源を補う支援策を提供したとして

も、経営者が様々な壁にぶつかって適応課題と向き合うことができなければ、その支援策が適切に活用されない可能性があります。

したがって、私たちは従来の「技術的問題」解決に重点を置いた支援策のみならず、「適応課題」に対応した新しい支援手法を開発する必要があるのです。そのニーズに応えるものが伴走支援です。また、適応課題に取り組む伴走支援が広がることによって、国や自治体の課題解決型支援策が一層有効に活用される面もあるのです。

そして、伴走支援の究極の目的は、会社組織の自立的な体質作りです。中小企業が自ら考え、自走していくことを目指していきます。たとえて言えば、植物に肥料を過剰に与えて育てるのではなく、植物が強く育つ土壌を作るのが大事なのと同じように、補助金などに過度に依存するのではなく、基本は自立自走していくような経営環境を作っていくことが重要なのだと思います。

それでは、具体的にどのように伴走支援を進めていけばよいのでしょうか。

3　課題設定力

適切な課題設定に導くプロセス・コンサルテーション

組織開発の第一人者であるエドガー・H・シャイン教授は、相手に対する支援には、①専門家型、②医師―患者型、③プロセス・コンサルテーション型の3つがあると唱えました。第一の専門家型は、クライアントが知らない情報やサービスを提供するものであり、道を尋ねる場合や、経営者がコンサルタントから知識を得ようとする場合など、最もよく受け入れられる支援とされています。第二の医師―患者型は、医師が患者に対して診断と処方を行うタイプの支援です。一方、第三のプロセス・コンサルテーション型は、支援者が最初からコミュニケーションのプロセスに焦点を当てるものです。クライアントが様々な事柄を打ち明けられるような状況を作るため、相互の信頼関係を構築することに主眼が置かれます。[*6]

いわば①が、技術的問題に対して高度な知識を提供して課題解決に導くのにフィットした手法（コンテント・コンサルテーション）であるのに対して、③のプロセス・コンサルテー

図表3－3：技術的問題と適応課題

3つのモードの違い

	診断のフェーズ	誰が診断するのか	アクションの立案
専門家	ない	－	支援者
医師－患者	あり	支援者（医師）	支援者（医師が処方箋を出すように）
プロセス・コンサルテーション	あり（ない場合も）	支援者とクライアントの共同	支援者とクライアントの共同

（出典）中村和彦教授（南山大学）の発表より

ションは、ある適応課題に対して気づき、腹落ちを促し内発的動機づけをもたらすプロセスを重視した支援手法と言えるでしょう。信頼関係を構築して対話の双方にある「情報の非対称性」を取り除き、裏に隠れた本質的な課題を浮き上がらせることに有効な手法と考えられます。

これを経営支援に置き換えたとき、何が本質的に重要な経営課題なのかということを経営者が自問自答し、課題を設定していく能力（課題設定力）を引き出すのがプロセス・コンサルテーションの核心ではないかと思います。よくある例えですが、経営者の中で発生している問題の奥底には様々な表面化していない課題が潜んでおり、海洋に浮かぶ氷山のようなものだと言えます。たとえば、今期の利益を達成していない原因を考えたとき、単に外部経済環境の悪化だけでなく、社内の意思決定の問題、社員の役割分担、コミュニケーション、組織風土など様々な要因が複合的に重なって結果につながっていることが多いわけです。それらは氷山の海に沈んだ部分であり、なかなか表面に出てきませんが、実はこの部分こそ本質的であり、かつ原因の大半を占めることが多いものです。氷山の海に沈んだ、より本質的な問題（裏課題）を探求し把握するためには、経営者自身はもとより社員も含めたプロセス・コンサルテーションを行うことが重要になっているのです。

あえて単純化して言うと、専門家型や医師―患者型は、技術的問題に対して課題解決型支援を支援者が提供するものであることに対し、プロセス・コンサルテーション型は、適応課題に対して経営者自身が課題設定を行い、経営者が当事者意識を持って実行することを支援者がサポートするものだと言えましょう。

本質的な経営課題とは

これまでの事例でもご紹介したように、物事には表課題と裏課題があります。たとえば人手不足や生産性の問題の背景にあるのは、実は経営ビジョンであったり事業戦略、部門間のコミュニケーションの問題であったりする場合があります。このため、経営者にとっては、顕在化している表課題の水面下にある、より本質的な問題は何かというところに立ち返ることが重要です。そして、その課題が支援者側から一方的に与えられるものではなく、経営者自身が気づき、腹落ちし、解決に向けてオーナーシップを持って動き出すことが極めて重要です。

この場合の裏課題、すなわち本質的な経営課題というのは、いろいろな捉え方ができます。経営者にとって、様々な課題の中でも「より本質的だ」と経営者が腑に落ちるような課題と言ってもよいかもしれません。ときには、自身や会社の理念、夢・ビジョン、目標というものを再認識し、それを目指すために本当に必要な課題というものに経営者がはっと気づく場合もあるかもしれません。あるいは、会社の強みや事業の潜在的価値をどう磨いて市場に提供するか、そのために社員一丸となった体制をどう構築していくか考え続けるうちに、課題設定がなされる場合もあるでしょう。特に、「何のために事業をしているのか」「なぜうちの会社があるのか」という根源的な問いかけは重要です。それを突き詰めていくと、多くの場合は、第2章でもお話ししたように、経営理念やビジョンと、それを実現するための事業戦略や会社の組織体制などに関して、経営者と社員の意識や理解をどう合わせていくかという点が、より本質的な課題として浮かび上がることが多いように思われます。

いずれにせよ、そうした本質的な課題に経営者が向き合おうとするとき、それは適応課題であることが多く、その壁を乗り越えるためには、自己を内省し、会社自体を変革させていかなければなりません。言い換えれば、経営者自身が課題設定することが、自己変革の出発点となります。ある著名な科学者が、「もし私が地球を救うのに1時間を与えられたとしたら、59分を問題の定義付けに費やし、残り1分でそれを解決する」と述べたと伝えられています。適切な課題設定ができなければ、そのあとの課題解決は本質的な解決につながらない可能性があります。何より、経営者自身が本気で取り組もうという意欲も、社員を説得する力も生まれてきません。それほど課題設定というのは重要なわけです。

中には、本質的な経営課題とは何なのか、その定義をもっとしっかり定めるべきではないかと問いたくなる方もおられるかもしれません。実際、私たちがこの支援モデルを検討するときもそうした議論がありました。これまでの実証的な取り組みにおいては、何が本質的な課題かは、会社が置かれた状態や経営者自身の感じ方など個別要因にかなり左右される気がします。それだけ本質的な経営課題というのは多様であり、かつ複合的で多層的です。大事なのは、経営者が「より本質的な課題は何かを見出そうと自らを内省する姿勢」であり、そのために伴走者が「対話と傾聴」を粘り強く行い、経営者の潜在力を引き出そうとする姿勢なのだと思います。

図表3－4：経営支援の車の両輪

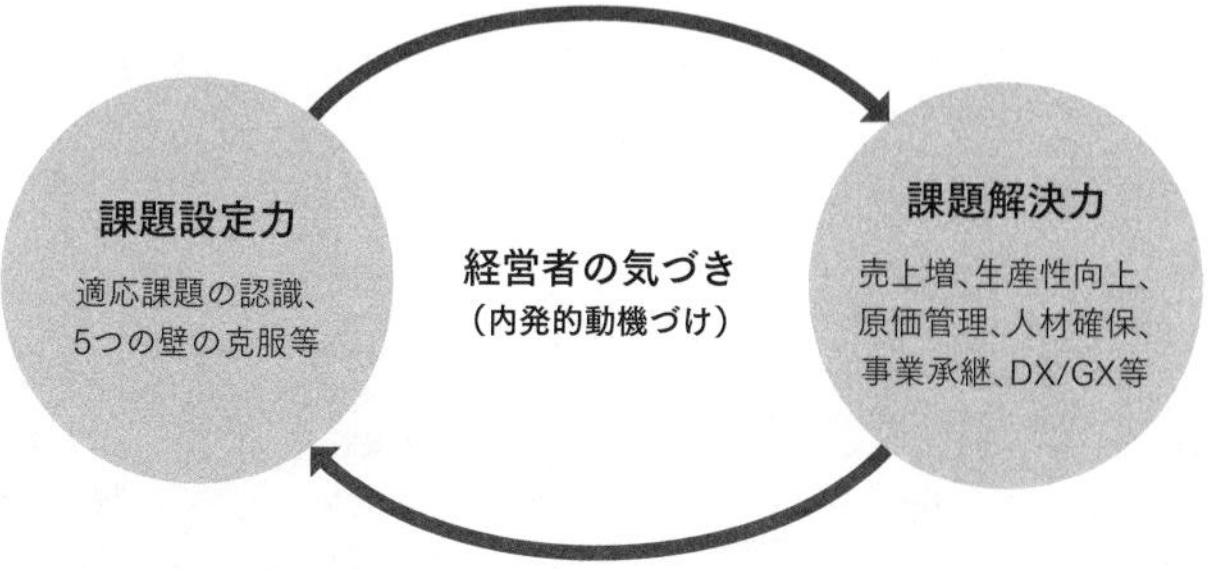

車の両輪

これまで課題設定力の重要性についてお話ししましたが、実際の伴走支援の実践の場面では、課題解決型支援と課題設定型支援を組み合わせて行うことが多いと思います。まさに車の両輪だと思います。たとえ比較的表面的な課題であっても、それを解決し、小さな一歩を踏み出すことで経営者や従業員が自信を持ち、さらに大きな課題解決に向けて頑張ろうという動機づけができてきます。伴走支援者はそうしたプロセスを織り込みながら、本質的な課題設定に向けて伴走支援を続けていきます。

これはある意味で、経営者と支援者が一緒になってタマネギの皮を剥いていくようなものかもしれません。表面の課題を一枚一枚剥いて解決しながら次の課題を設定し、更にそれを解決しながら次第に中心部分にある裏課題にたどり着くようなイメージです。こうしたプロセスを経ながら、経営者が当事者意識を持って経営のかじ取りを行い、従業員に問題意識を浸透させていくことが大切です。そして、最終的には、伴走支援がなくても自走していく組織作りを行っていくことになります。

4　経営力再構築伴走支援モデル

伴走支援の8つのプロセス

ここまで、内外の環境変化の中で経営者自身や会社組織が適応課題に取り組むことが求められていること、しかし適応課題に向き合うには様々な壁があって経営者単独では容易ではないこと、そのためには第三者による伴走支援が有効であり、特にプロセス・コンサルテーションを通じて課題設定力を引き出すことが重要であることを述べてきました。

それでは、具体的にどのようにして企業支援の現場で実践していくべきでしょうか。「経営力再構築伴走支援ガイドライン」に沿って、プロセスの順番に従ってお話ししたいと思います。主な箇所には具体的な成功・失敗事例などエピソードを紹介します。記述は、経営者側と支援者側の双方を意識して書いています。経営者側と支援者側の関係性を可視化することが重要と考えるからです。

なお、このプロセスは、企業の規模や状況に応じて変えていく必要があります。たとえば、小規模企業の場合、支援者側が一社に時間をかけることが難しい場合もあります。迅速に経営状況を把握し、早期に「気づきと腹落ち」段階に至るといった、フルスペックでない伴走も必要になってくるでしょう。また、すべてのプロセスが順番どおりに来るわけではなく、場合によっては前後したり、後になって「あのときが変曲点だったのだなあ」と振り返って分かったりすることもあるかもしれません。このように、会社の状況や規模によって臨機応変に対応する必要があるものの、根幹となる考え方は共通しているので、ぜひ参考にしていただければと思います。

①会社の状況把握

支援に入ろうとする方は、まず相手の会社の状況を把握する必要があります。もし赤字続きで経営が火の車であれば、時間をかけて伴走支援を行うといった悠長なことは言っていられません。すぐに経営再建・事業再生のフェーズに移る必要があります。ただ、寄り添った対話と傾聴は必要です。また、経営者が高齢であれば当然に事業承継を念頭に考える必要があるし、事業承継が終わって間もない若い経営者の場合にもいくつかの典型的な課題があります（具体的な事例を第4章でご紹介します）。

②信頼関係の構築

経営者にとっては、自社の本質的な経営課題を明確に認識している場合もあれば、十分できていない場合もあります。様々な経営の壁があるからです。仮に経営者が明確に経営課題を認識・把握していないような場合、伴走支援者は、その炙《あぶ》り出しから入ることになります。しかし、経営者にとっては、突然やってきた支援者に対して、何もかも洗いざらい情報を出して悩みを相談することはありません。支援者を全面的に信頼して良いかという疑い、自己の情報を開示することへの躊躇《ためら》い、自己の誇りや価値観などに基づく主観的な現状認識や思い込みなどもあり、支援者にとって、支援に必要な情報を最初から把握することは難しいわけです。したがって、支援者は、まず経営者との信頼関係を築くことから始める必要があります。まさにプロセス・コンサルテーションを行うことにより、「情報の非対称性」を解消することを目指します。この部分について関心のある方は、エドガー・H・シャイン教授の『人を助けるとはどういうことか』（金井真弓訳・金井壽宏監訳、２００９年、英治出版）という名著の中で、経営者や支援者が陥りやすい様々な罠についても書かれていますので、参考になると思います。[*7]

【事例】ある経営者は、以前、外部コンサルタントを活用し、うまくいかなかった経験から、コンサルタントの活用に否定的で、伴走支援に対しても消極的なスタンスでした。そこで官民合同チームのあるコンサルタントは、支援を開始した初期段階から、正式なミーティングだけでなくランチなどの場も活用して経営者とのコミュニケーションの場を積極的に作り、フランクな対話を心掛けたことで、徐々にお互いを知り、支援のプロセスに入ることができました。

一方、別のケースでは、専門性を最初から前面に出したコンサルタントの姿勢が、経営者にとって「上から目線」に映り、信頼関係の構築に失敗、途中で担当コンサルタントが交代することになりました。

③対話と傾聴

経営者と支援者は、信頼関係を築きながら、本質的な経営課題にたどり着くために、「対話と傾聴」を進める必要があります。技術的問題であれば、最初から支援者が専門的知見を提供し、課題解決を行うことが可能です。しかし、多くの場合は経営者自身が適応課題に向き合う必要があるため、最初から支援者が専門的知見を振りかざし、経営者の価値観を否定するような言動をとれば、経営者の信頼を得るどころか拒絶されてしまいます。

経営者が抱えている悩みは具体的にどういうものなのか、その裏に隠れている真の課題は何なのか、一緒に考えていきましょうという姿勢が大切です。経営者も自分の会社の本質的な課題について深く考え、それを言語化していきます。その際、第2章で述べたように、「聞くこと」と「話すこと」が重要になってきます。支援者は、相手を否定せずに「聞くこと」によって、経営者の思っていることを具体化し、表出させていきます。具体的にどのような話を経営者とすればよいのかという悩みもあるかもしれませんが、まずは支援者側の、経営者や会社のことを真剣に考えているという誠意と姿勢が相手に伝わることが大事だと思います。支援者側が真剣に相手のことを考え続けていれば（当然そのための必要な勉強や洞察は必要ですが）、対話の中で必ず相手に伝わるものです。

【事例】ある経営者は、公的支援に良い印象を持っていませんでした。そこで官民合同チームは、社長との信頼関係を築くために、課題設定を合意する段階に大変多くの時間を割きました。その過程では、社長の意見に対する反論や否定的なコメントを避け、できる限り傾聴することを心掛けました。他方、社長の関心が人事制度にあったため、支援チームのメンバーに人事の専門家を加え、状況に応じて専門性の高い助言を行い、徐々に社長の信頼を得ていきました。スモールステップながら社長の関心に応えていくことで、「常にこちらも汗をかいて一緒に実現する」という姿勢が相手にも伝わり、信頼関係の構築に成功しました。

一方、失敗したケースでは、着地点の見通しを持たず、無計画な対話と傾聴を続けた結果、経営者側が終わりの見えない支援に不満を持ち始め、事実上途中で中断せざるを得ませんでした。

④敬意、共感と問いかけ

こうした対話の目的は、経営者自身が本当の課題に気づき、腹落ちすることです。そのための対話の進め方としては、「傾聴」とともに、「共感」も重要な要素です。経営者は、これまで大変な苦労をしながら、家業を引っ張ってきて家族や従業員の雇用を支えてきました。その苦労は、初対面の支援者側には容易に理解できないし、また、安易に理解しているような態度を取れば「この苦労をあなたは本当に分かっているのか」と反発を受けるだけです。対話の中でこれまでの経営の振り返りをするときに、支援者はそうした経営者のこれまでの苦労や尽力に敬意を示し、共感を持つことが非常に重要です。

ときおり「問いかけ」を行い、場合によっては相手の言動をもう一押しする意味でちょっとした「提案」を行うことも有用です。それによって、経営者自身がより深く内省し、気づきや腹落ちに至るきっかけを得ることができるからです。多くの経営者は、日々の経営をすべて言語化して把握できているわけではなく、経営課題の大部分は氷山のように水面から奥深くに沈殿しています。それらを表出させ、経営者自身の頭の中で言語化していくプロセスが極めて重要になります。そのためにも、問いかけや提案は有効な対話の部分を構成します。ただし、その場合の提案も、一方的で強引な提案ではなく、相手の気づきや腹落ちを促すものである必要があります。

【事例】あるケースでは、経営者との対話と傾聴において、入念な事前準備を行い、その会

図表3－5：対話の内容

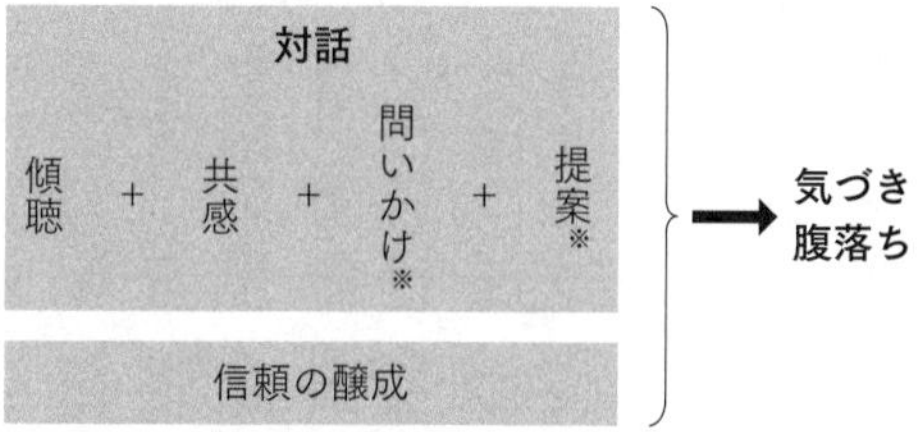

※一方的な提案や問い詰めではなく、相手の気づきや腹落ち、内発的動機づけを促すもの
（出典）「経営力再構築伴走支援ガイドライン」より

社の歴史や過去の経営危機など各種データをインプットして、単に相づちを打つだけでなく、一歩踏み込んだ共感を見せることで、社長との信頼関係を築くことにつながりました。支援終了後、社長から「徐々に話しやすくなった。言いづらいことも言えるようになった」とのコメントをいただきました。

⑤裏課題の把握と従業員の巻き込み

これまで再三述べてきたとおり、経営者は本質的な課題（裏課題）を最初から初対面の支援者に話すことはないし、経営者自身も気づいていない場合もあります。対話と傾聴を通じて、支援者はタマネギの皮を剥くようにしながら（ときには足下の小さな課題解決を行って経営者の意欲を鼓舞しながら）、裏課題を把握し、経営者自身がそれに向き合う場面を作っていく必要があります。

比較的規模が大きく従業員数も多い企業である場合、役員や従業員が経営者の考えを理解できず（あるいは、経営者の考えの「見える化」ができておらず）、経営者と従業員の「関係の質」が問題になっている場合があります。この場合は、経営者の事前了解を得た上で、役員や中堅管理職などにインタビューし、その結果を経営者にフィードバックすることも重要です。経営者側が見えなかった会社の一面を把握してもらうことが「気づき」につながります。

また、裏課題の克服には、経営者のみならず幹部や従業員の当事者意識と能動的アクションが不可欠である場合もあります。この場合も経営者の事前了解を得て、主要な社員で構成するコアチーム（あるいはタスクフォース）を形成し、このコアチームに経営計画の策定など様々な協働作業をさせていくといったプロセスも重要になります。いうまでもなく支援者が会議を仕切るのではなく、従業員が当事者意識を持ってこのプロセスを進めていくことが大切です。支援者は、コアチームの状況を経営者に報告しつつ、経営者と従業員の関係の質を改善していく道筋を模索していきます。以上のプロセスは、単に仲良しグループを作ろうとしているのではありません。対話を通じて会社の強みや弱みを内省し、自己発見に至ることで、組織能力の向上とともに、新たなイノベーションや事業戦略の転換につながる可能性があるのです。

【事例】伴走支援者側の声の例です。官民合同チームのある民間コンサルタントは、かつて単独でコンサルティングをしていたとき、クライアントはあくまで社長であり、会社の社員の声を聞くことはなかったそうです。しかし、官民合同チームでプロセス・コンサルテーションを実践するようになり、クライアントは社員も含めた会社全体であると認識するようになったとのことです。そして、自己変革によって中長期的な事業存続と成長を図っていくためには、社長にとって耳の痛い情報も入れながら社員も巻き込んでいくことが重要であることが分かった、と語っています。

⑥変曲点――気づきと腹落ち

対話を続けていくうちに経営者にとって様々なヒント、糸口が見つかります。そうした中で、あるとき経営者が自身の価値転換につながる気づきを得るときがあります。そして「あ、こういうことか」と納得（腹落ち）する、これが変曲点です。この変曲点が訪れるのは対話の場面でのほんの些細な一言かもしれませんし、日々の経営のちょっとしたやり取りの中かもしれません。しかしそうした変曲点が来るのは、経営者が常日頃から伴走者と対話する中で、自問自答し頭の中で考え続けているからです。支援者にとっては、ここだという場面で「向き合いモード」になって話をしたり、問いかけたりすることが必要な場合があります。

【事例】支援終了後、経営者から「官民合同チームの皆さんから、『中枢の人がスーパーマンではダメだ』という言葉をかけられたことが印象に残っている。それまではあまり社員に任せることができていなかったが、その言葉をきっかけに変わることができた。今はリーダー層の社員に任せることができるようになり、その結果リーダーたちの成長が見られる」とのコメントがありました。この事例は第2章でも触れましたが、経営者は「スーパーマンではダメだ」という言葉をかけた瞬間に突然気づきを得たわけではなく、対話を重ねる伴走支援のプロセスを通じて、経営者が少しずつ問題意識を膨らませていく中で、一つのきっかけとなる言葉が変曲点となったと言えます。小さなプロセスや成功体験の積み重ねが、ある日変曲点を迎える重要な布石となっていることを気づかせてくれます。

⑦内発的動機づけと「潜在力」の引き出し

経営者が自らの本質的な課題に気づき、腹落ちできたとき、本人の課題解決への意欲が高まります。たとえば、会社が人不足で全然仕事が回らないので人材の採用が大きな課題と思っていたが、経営を可視化し、仕事の仕方を変えることが「より本質的な課題」であると気づき、それに意欲を持って取り組んだことで結果的に人不足を解消しただけでなく、社員の能力を引き出して様々な成長資源を獲得できたといった事例もありました。このように現出している課題をひもといてさらに本質的な課題にたどり着いたとき、経営者の内発的動機づけが高まり、それを従業員と分かち合うことで、組織の潜在的な力が引き出されていきます。

特に、５つの壁で紹介したとおり、本質的な課題の解決を経営者自身が実行しようとしても社員がついてこないといった現実がある中で、経営者がそれを乗り越えるには相当の労力と危機感が求められます。そのためにも、まずは経営者本人の課題設定に対する納得感が重要なのです。逆に、腹落ちすることにより、本人のモチベーションは格段に高まります。また、本人が経営課題を言語化できることで、従業員や他のステークホルダーに対しても説得的に語り、問題を共有してもらうことができるようになります。経営者及び従業員の内発的動機づけが行われると、会社の潜在的な能力が発揮されるようになるのは、第１章や第２章の現場の実践で見てきたとおりです。ときには、小さな課題に対する課題解決を行い、従業員に自信とオーナーシップ感を持たせ、前向きな行動につなげていくというプロセスも必要になってきます。また、設定した課題を解決していく上で、事業の潜在的価値を認識し、適切な価格設定（値上げ）に踏み切り、利益率を上げるとともにその成果を社員に還元してモチベーションを鼓舞することが必要な場合もあります。社員の個性や能力は付加価値の源泉です。このように、組織能力と事業戦略の両面で、課題解決と課題設定を車の両輪として頭に描きながら、組織全体が動いていくように粘り強く取り組んでいきます。

【事例】ある会社への伴走支援では、表面上の課題はロジスティクス改革でしたが、支援者との対話を通じて経営者は、本質的な課題は「社内のコミュニケーションと人間関係の構築」にあると気づきました。そこで支援チームは、部門ごとにインタビューを行いつつ、経営者をサポート。経営者が率先して経営改善の取り組みを部門・役職横断的に広げる中で、社内の空気が少しずつ変わり、新しいことへ挑戦する雰囲気が醸成されてきました。そうした成功体験の積み重ねが功を奏し、社員の力が結集されて新しい仕組み作りが進むようになり、結果として全社的なロジスティクスの改革の成功にもつなげていきました。

⑧自己変革と自走

経営者と従業員が本質的な課題を認識し、あるべき方向に向けて取り組む内発的動機づけを得ることが、自己変革への第一歩になります。変革には様々な困難を伴いますが、小さな成功体験を一歩ずつ積み重ねながら、社員に当事者意識を持たせ、彼ら彼女らの潜在的な力を引き出していく。会社の潜在的価値を見出し、発現させていく。そうした取り組みを日常化していくことで、組織として次第に課題設定力が培われ、それを現場で解決していこうというカルチャーとイノベーションを生み出す組織風土が育つようになります。

規模が大きな組織であればそれだけ時間もかかりますが、中小企業の場合は、多くがオーナー企業であり、本来であれば小回りが利く組織です。伴走支援を通じて自己変革の経験を経営者と社員が同時に共有することも比較的容易です。自己変革のプロセスが当たり前の組織風土として定着させて自走していくことは、本来は、中小企業の得意技なのではないかと思います。

【事例】あるケースでは、官民合同チームが、社内改革プロジェクトリーダーである経営企画部長に対して、「我々は答えを出しません」というスタンスを貫き、黒子のサポートに徹しました。経営企画部長は、当初、自身のリーダーシップに不安を抱いていましたが、次第に主体的に動いて改革プロジェクト・チームをけん引するようになり、このプロセスを通じて次世代のリーダーとして劇的な成長を遂げ、さらに改革プロジェクトのチームメンバーの成長にもつながりました。

以上のようなプロセスを現場で具体的に実践する上で、様々な道具が開発されています。たとえば、ローカル・ベンチマークや経営デザインシートなどがインターネットに公表されています。本書の末尾にもＵＲＬを付記しておきますので、ぜひご覧いただき、参考にしていただければ幸いです。

一連のプロセスのフレームワーク—変換機能としての伴走支援

これまでお話ししてきた伴走支援モデルの枠組み（フレームワーク）を簡単にまとめたものが図表3—6です。これは、経営者にとっては適応課題に向き合い、会社組織を自己変革させ、その潜在力を引き出していくメカニズムを示すものでもあります。

図表３−６：経営力再構築伴走支援モデル

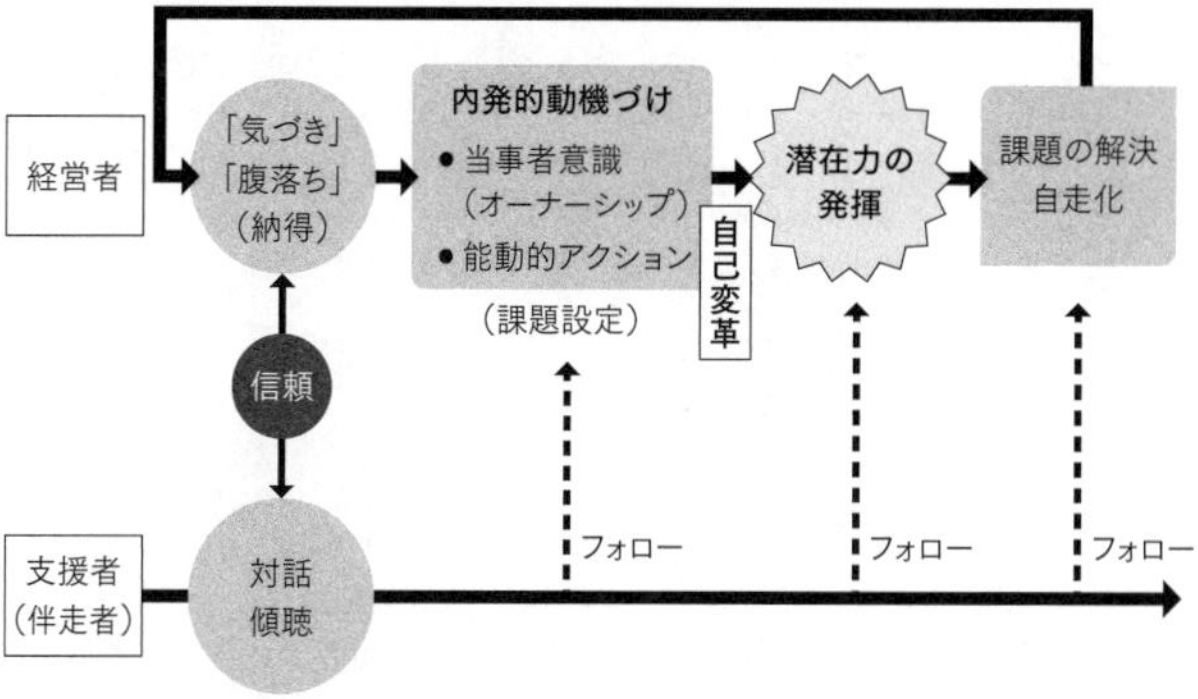

（出典）「経営力再構築伴走支援ガイドライン」より

伴走支援者は、経営者に寄り添い、継続的に対話と傾聴を行う中で、経営者との信頼関係を築いていく。経営者は、伴走者との対話の中で、自らの経営課題を炙り出し、より本質的な課題は何なのかを自問自答し、言語化しながら気づきを得る。その課題と進むべき方向に腹落ちすることで、経営者そして社員に当事者意識が生まれ、自己変革していこうという能動的アクションをもたらす内発的動機づけが生まれる。これが従業員など組織全体に浸透していくことで、会社の潜在的な力が発揮され、適応課題を解決することにつながる。対話による気づきが新しい発見やイノベーションをもたらす。この一連のプロセスが成功し、組織に定着していくことで、あらゆる環境変化に対応していくだけの会社の自走力が身についていく。大まかに言えば、こういう整理になると思います。伴走支援とは、企業組織が潜在的能力を発現していくための変換機能、まさにチェンジ・エージェントなのです。

いうまでもなく、このプロセスを経て、経営者だけでなく伴走支援者側も自己変革していくことになります。対話と傾聴を通じて、自らの支援の進め方についても、新たな気づきを得て、より良いものに改善していく。伴走支援とは、そのような相互作用による創発を生み出す仕組みなのです。

このフレームワークは、中小企業・小規模事業者の経営だけでなく、大きな組織にある様々な部門における問題解決、さらには人と人との人間関係の様々なマネジメントの場面でも活用できるのではないかと思います。経営者と社外取締役や投資先との関係にも応用できるかもしれません。そして、互いに適応課題と向き合い、自己変革しながら組織や人の潜在力を引き出していくという流れが広がっていけば、社会や経済がより建設的で生産的な方向に変わっていくことも不可能ではないと思います。

＊1　「中小企業伴走支援モデルの再構築について～新型コロナ・脱炭素・DXなど環境激変下における経営者の潜在力引き出しに向けて～」　令和4年3月15日　伴走支援の在り方検討会

＊2　中小企業白書2022「新たな時代へ向けた自己変革力」では、様々な環境変化に対応するための自己変革力に焦点を当て、事業再構築や自社ブランド化等の取り組みの意義をデータで解説している。

＊3　中原淳・中村和彦『組織開発の探究　理論に学び、実践に活かす』に、組織開発の発達の歴史が分かりやすく解説されている。

＊4　ロナルド・A・ハイフェッツ、マーティ・リンスキー、アレクサンダー・グラショウ『最難関のリーダーシップ』P.10

＊5　「経営力再構築伴走支援ガイドライン」P.14

＊6　エドガー・H・シャイン『人を助けるとはどういうことか』P.108

＊7　同右P.76

第4章

伴走支援の全国展開

1　暗黙知と形式知の共有

伴走支援の標準化

伴走支援が少しずつ全国に広まってきています。「そんな支援は既に自分はやってきたよ」という人たちも手を挙げ、仲間に入ってきてくれています。これまで述べてきたように、伴走支援自体は、相手の経営者に応じて個別具体的に対応する必要があるため、時間もコストもかかり、粘り強い取り組みが求められます。しかし、多くの伴走者が集まり、様々な実績を積み、経験値を共有していくことで、支援の効率性と成功確率は高まっていきます。いわゆる学習効果が働くわけです。もっとも、伴走支援には暗黙知も多く、なかなか他者に伝えることは難しいし、また実際にそれで稼いでいる人もいるわけですが、こうした暗黙知を研修や実地訓練などで伝授し、またある程度は形式知化して標準化できるようなインフラができてくれれば、伴走支援は、支援の基本ソフト（ＯＳ）として、全国に広がっていくのではないかと思います。

伴走支援推進協議会

私はそうした思いから、みんなで伴走支援を推進するネットワークを立ち上げることにしました。２０２２年５月、中小企業支援団体や関係機関のトップが一堂に会して、「経営力再構築伴走支援推進協議会」を発足させました。この協議会には、商工会議所や商工会、中小企業団体中央会、金融機関団体、関係する士業団体など、中小企業経営支援に関わる多くの団体に参加いただいています。そして、定期的に会合を行い、お互いの情報や成果を報告し合いながら、経験値の蓄積共有を進めています。私はそれぞれの団体や機関に、協議会の趣旨を説明し、参画をお願いしに回りましたが、本当に多くの機関トップの方々が趣旨に賛同し、一緒にやっていこうと激励をいただきました。中には、福島復興の現場の話に共鳴し、自分たちの団体組織もそうならなければならないと、伴走支援を主体的に取り込んでいくことを言明されるトップの方もおられ、大変心強く感じました。

金融機関の取り組みも大変重要です。多くの経営者にとって金融機関は重要な伴走者となりうる存在です。金融機関にとっても、単なる資金提供だけでなく、経営課題の解決と成長に向けたコンサルティング支援で付加価値を提供していくことが大切になってきています。

図表4－1：経営力再構築伴走支援推進協議会構成機関（五十音順）

- 一般社団法人全国信用金庫協会
- 一般社団法人全国信用組合中央協会
- 一般社団法人全国信用保証協会連合会
- 一般社団法人全国地方銀行協会
- 一般社団法人第二地方銀行協会
- 一般社団法人中小企業診断協会
- 株式会社商工組合中央金庫
- 株式会社日本政策金融公庫
- 全国社会保険労務士会連合会
- 全国商工会連合会
- 全国中小企業団体中央会
- 独立行政法人中小企業基盤整備機構
- 日本公認会計士協会
- 日本商工会議所
- 日本税理士会連合会
- 日本弁護士連合会

そうした経営者との対話という点で、各都道府県の信用保証協会も大変重要な役割を担っています。

多くの専門家をアドバイザーとして抱える独立行政法人 中小企業基盤整備機構（中小機構）や、全国各都道府県にある「よろず支援拠点」でも伴走支援に取り組んでいただいています。こうした専門家の方々は、主に課題解決型支援を得意としていますが、現在、課題設定型支援の取り組みも進めています。これらを車の両輪として取り込み、専門的知見を駆使して伴走支援を展開していく上で大きな役割が期待されています。

また、その他にも、各都道府県にある中小企業活性化協議会や事業承継・引継ぎ支援センターにおいては、それぞれ事業再生や事業承継の観点から丁寧な経営相談を実施しています。全国に3つある中小企業投資育成株式会社は、安定株主の立場から伴走型の経営支援を行っています。そして、自治体への浸透・波及も期待されています。各地域にある産業支援センターは、現場の経営支援において重要な役割を果たしています。この章では、こうした現場への広がりについてご紹介したいと思います。

2　現場への広がり

(1) 官民合同チームの全国展開

伴走支援の考え方は、地方の中小企業行政当局に自己変革を促してきました。これまでは、財政などの政策資源を持つ当局が持たざる者に対して資源や知見を与えるというコンテント・コンサルテーション的な考え方が主体でしたが、伴走支援はプロセス・コンサルテーションという新たな軸を加えるものだったからです。こうして、第2章でお話しした関東経済産業局で始めた官民合同チームの伴走支援の取り組みは、今では全国各地方ブロック9か所にある経済産業局で展開されるようになりました。支援マニュアルや事例研究などを研修などによって横展開し、経験値の共有に努めています。各局では地元の中小企業診断士や企業OBの方などを採用し、職員と一緒に伴走支援に取り組んでもらっていますが、自治体や金融機関と連携するなど、それぞれ現場に合った形で創意工夫しながら活動を広げています。

また、単に寄り添った支援を行って終わりではなく、しっかりと費用対効果を説明できるよう、成果目標を再設定しました。企業の自己変革によって、具体的な売上・利益や雇用への実績、ひいては地域経済への波及といった面的展開にどう結び付けていけるか、各局がKPIを設けながら取り組んでいく仕組みを構築していきました。

この結果、現在では全国で約200社に対して伴走支援の取り組みが進められ、様々な成果が上がってきております。こうした個社支援の枠組みは、地域経済の中核となる成長志向企業に対する課題解決型支援にも今後応用され、成果を上げていくことが期待されています。第5章で述べる「価値創出型の経営」に向けた支援も重要になってくるでしょう。中小機構との連携がますます求められます。また、担当職員の人材育成や地元民間人材の発掘を通じて行政のさらなる底上げにつながることも期待されるところです。詳しくは、後ほど紹介す

図表4−2：官民合同チームの成果目標

		支援の例	KPIの例
第1フェーズ	自己変革・行動変容	●経営者等との対話と傾聴を通じた本質的な課題の設定 ●経営者の気づき・腹落ちを促し、自己変革・行動変容につなげる ●経営者等の能動的アクション、会社全体の潜在力発揮、事業者の自走化へ	●課題設定に対する経営者等の腹落ち度 ●自己変革（自走化）度※ ●伴走支援全体の満足度 ※課題解決に向けた社内での新たな動きや経営陣等の意識変化、行動変容
第2フェーズ	成長・課題解決	●売上・利益、生産性、賃金等の向上 ●DX、GX、海外展開等、課題解決に向けた取り組みの促進	●売上増加率、付加価値額増加率、労働生産性増加率、賃金増加率 ●DX、GXへの取り組み成果（課題達成率） ●人材確保（従業員数増加率） ●海外展開（輸出企業数、海外売上高増加率）
第3フェーズ	規模拡大・面的波及	●中堅企業への成長、海外進出 ●地域経済への波及、面的拡大	●中堅企業への成長企業数 ●海外進出企業数 ●地域内成長率、人口流入率

（出典）「経営力再構築伴走支援ガイドライン」より

る経営力再構築伴走支援プラットフォームにおいて様々なケーススタディが開示されていますので、ご覧いただければ幸いです。

（2） よろず支援拠点の融合

全国の都道府県には、中小企業に対するワンストップ支援窓口として「よろず支援拠点」が開設されており、様々な分野の専門家が日々経営相談に応じています。これまでは、経営者の具体的なニーズ（たとえば、どう商品開発して売上増に結び付けるか）への課題解決型支援が中心でした。近年は、これと並行して、プロセス・コンサルテーション型の伴走支援にも取り組み始めています。２０２１年から開始して既に全国で約６００社の実績ができています。各よろず支援拠点は、協調すべきところは協調しつつ、互いに切磋琢磨しながら競争し、支援の質を高め合っています。

たとえば、岡山県よろず支援拠点の鈴《すず》鹿《か》和《かず》彦《ひこ》さんは、幅広い経営支援に取り組んでいますが、中でも、事業承継した若い経営者を中心に伴走支援に尽力しています。大手企業の経営者ＯＢ等を支援者として迎え入れ、支援先企業の経営者や社員の気持ちを汲み取りながら、円滑な事業承継をサポートしています。更に、おかやまローカル・アソシエイト（ＯＬａ）

という若い経営者の相互支援のネットワーク作りも進めるなど、現場で先進的な活動を実践しています。

また、茨城県よろず支援拠点の宮田貞夫《みやたさだお》さんも、対話と傾聴の重要性を説いています。象徴的なエピソードをご紹介しましょう。宮田さんは、ある若い女性経営者が破産の相談に来たとき、「家でお子さんたちと笑って話ができていますか？」と質問したそうです。「全くできていません」との答えに、彼は「お子さんたちはお母さんと笑って時を過ごす権利があると思うのです」と話し、驚いて見上げた彼女に対して「今日は経営のことは忘れて、お子さんに美味しいものを作って、楽しい話をしてくださいね」と提案しました。彼女は明るい顔になって帰っていき、その後再チャレンジに頑張っているそうです。経営者の心が折れないように寄り添った対話とは何かを、宮田さんは示してくれています。

その他にも、各地域のよろず支援拠点では、情熱を持った素晴らしい専門家の皆さんがそれぞれ創意工夫で伴走支援に取り組んでおり、頼もしく感じています。先ほどお話ししたとおり、よろず支援拠点の強みは課題解決型支援ですが、これと課題設定型の伴走支援を組み合わせていくことで、さらに支援の効果が広がっていく可能性があり、今後の活躍がとても期待されます。

（3）商工団体の活躍

伴走支援は各地の商工会議所、商工会、中小企業団体中央会、商店街振興組合などの商工団体の現場でも広がりつつあります。経営指導員の研修会でも伴走支援の発表会が開かれ、互いの経験が共有、蓄積されるようになってきました。

一例をご紹介したいと思います。埼玉県商工会議所連合会にカリスマ指導員と言われる黒《くろ》澤元国《さわもとくに》さんという方がいます。彼は、私がこの伴走支援モデルを全国に展開する前から、現場で伴走支援を進めてきた先駆者の一人です。彼が伴走支援の重要性を確信したのは、地元の精密金属部品加工業を営むある会社から経営相談があったことがきっかけでした。その会社は従業員が約60名、売上が6億円規模で、二代目の若社長が経営していましたが、その社長は、創業者である父の時代からの家業としての工場運営から脱却し、成長分野への進出により10億円以上の売上規模を達成したい、そのためには家業を組織的な経営に変えなければならないと意気込んでいました。

しかしながら、黒澤さんが深く対話と傾聴を重ねていくうちに、そうした若社長の思いとは裏腹に、従業員との関係はうまくいかず、創業者の父とも対立するようになっていることが分かりました。第3章で述べた「経営者の壁」で言えば、「実行できない」「付いてこない」状況にあったと言えます。経営者は、結果で示そうと焦る中で、一層社員が離れ、孤立していったそうです。そこで黒澤さんは、創業者である父親と対話することにしました。すると、創業者には、これまで一緒に苦楽を共にしてきた古参社員に対する処遇に不満があることが分かってきました。現社長は若手社員を抜擢し、古参社員がカヤの外に置かれていると感じていたのです。経営を息子に譲ったものの、株式を承継していない理由もそこにありました。

そこで黒澤さんは、現経営者に創業者の思いを伝え、経営課題の再設定を試みることにしました。そして、新しい経営課題に「全社員がやりがいを持って働ける新組織デザインの構築」と「株式の承継」を加えることにしました。古参社員が若手社員を育成できるようなポジションを構築し、プロフェッショナル人材が品質保証に取り組む体制を強化するとともに、新たな人事評価制度を導入し、古参社員や若手を含めたすべての社員のモチベーションに配慮した組織作りを進めていったのです。これらの結果、父親の創業者とも融和が進み、その後、新分野への進出と第二工場の建設がかない、事業承継を完結するとともに、売上規模も10億円を超え、社員も１００名近くまで雇用するようになりました。

余談になりますが、黒澤さんが父親の創業者と話すきっかけとなったのは、息子の社長と地元のスナックで飲んでいたときだったそうです。突然父親が店に入ってきたため、すかさず息子をはずして父親と対話の場を持ったそうです。そして、父親の本音を聞く機会に遭遇したことが、支援者である経営指導員にとっての「気づき」を得られた変曲点だったということでした。

この事例は、支援者が経営者の適応課題に気づき、経営者が適応課題に対応することに伴走し、大きな成果を上げた事例だと思います。現場の経営指導員には数多くの素晴らしい方々がいます。この伴走支援の考え方を活用して、より効果的に経営支援を進めていただくことを期待しています。

(4) 士業の展開

中小企業を支える士業団体でも伴走支援の取り組みが動き出しています。中小企業診断協会では、試験問題の中に伴走支援の考え方を採用、会報においても連載でその普及に努めていただいています。各県の中小企業診断協会においても、公的機関と連携しながら伴走支援の展開を進めています。

日本税理士会連合会でも、研修会などを通じて伴走支援の考え方を広めていただいています。経営者が相談する最も身近な立場の税理士の方々に伴走支援の考え方を取り入れていただくことは、大変重要であり有意義だと考えます。

経営者と接点があるという意味では、公認会計士や弁護士、社会保険労務士の役割も重要です。あるとき私は、日本弁護士連合会（日弁連）の小林元治会長（当時）と対談する機会がありましたが、小林会長には伴走支援の考え方に大変共鳴していただきました。その後、日弁連として中小企業に対する伴走支援の提言が出されております。巻末にURLを紹介しておりますのでぜひご覧いただければと思います。

余談ですが、私の父親は昔小さな卸業を営んでいたものの経営に行き詰まり、自己破産しました。家族には厳しい生活が待っていたのですが、特に債務処理の不安が大きく圧し掛かっていました。伝手《つて》を頼ってある弁護士の方を紹介してもらい、父はその弁護士に相談に行きました。何か手間をかけて調査してもらうとか訴訟の手続きをお願いするといった大した話ではなく、ただこれまで進めてきた債務の手続きに問題がなかったか確認することが目的でした。時間はそんなにかからなかったのですが、法律の専門家に相談ができ、少しでもお墨付きが得られたことで、私たち家族は心から安堵した記憶があります。事業がうまくいかないとき、経営者やその家族は本当に不安になります。世界から味方が誰もいなくなっていくような感覚かもしれません。そんなときに、少しでも寄り添って相談できる専門家がいることは、言葉にならないほど嬉しく、勇気が湧き出てくるものです。弁護士をはじめ士業の方々がそうした姿勢で寄り添ってくれることほど心強いことはありません。伴走支援において活躍できる世界は非常に大きいと感じています。今後とも士業の方々が中小企業・小規模事業者のために寄り添った支援をしていただくことを願っています。

(5) 地域金融機関の取り組み

中小企業・小規模事業者にとって、金融機関の担当者は最も重要な伴走者の一人です。経営の中身や経営者家族の歴史などを熟知している金融機関には、単に資金繰りだけでなく、経営全般に対する支援も期待されています。こうした中、地銀や信用金庫、信用組合といった地域金融機関の中には積極的に伴走支援を取り入れているところがあります。

たとえば、地域経済を支えるある信用金庫では、ビジネスパートナーと呼ばれる職員のチームが、得意の経営環境分析と課題解決型支援を組み合わせながら、融資先事業者の伴走支援を進めています。こうした支援の効果として地域経済波及効果が数百億円に上るとの試算もされているようです。

各地にある日本政策金融公庫や商工中金の各支店の現場においても、伴走支援の考えの下で丁寧な経営支援の取り組みが進められています。そして、若手職員を中心に研修やＯＪＴなど人材育成に積極的に取り組んでいただいています。各都道府県にある信用保証協会では、平成30年の法改正により経営支援の業務が法律に明記され、現在、各地域の実情に応じた経営支援が行われています。資金繰りの不安を取り除き、経営者が心の余裕を持って本質的な課題に取り組んでいけるような環境を整えていく重要なパートナーとして期待されています。

地域金融機関の中には、各地の経済産業局と連携協定を結んだり、人材を出向させたりして、経営力再構築伴走支援の実践に努めているところがあり、さらなる活躍が期待されています。

(6) 地方自治体への波及

伴走支援を通じた地域企業の発展と雇用の創出という点では、地方自治体の参画が必要不可欠です。第２章でお話ししたように、関心のある自治体が国と連携して伴走支援を行う取り組みも増えています。中には、自ら独自予算を組んで伴走支援を始めている自治体もあります。さらに石川県のように国と連携協定を結んで、経営力再構築伴走支援を活用して地場企業を積極的に応援している自治体もあり、その成果が期待されています。[*1] 各地域には、現場に根を張った中小企業支援実施機関があり、伴走支援が広がっていく上で大変重要な役割を果たしていくと考えられます。また、伴走支援を官民連携して取り組んでいくことは、自治体の産業振興担当者の人材育成にもつながり、地元の商工団体との連携強化にも資するものです。官民力を合わせた伴走支援の取り組みの輪が、地域の現場で広がっていくことが期待されています。

3　小規模事業者へのアプローチ

小規模事業者との伴走支援に取り組む第一人者たち

これまで、比較的従業員数が多い企業の事例を多く取り上げてきましたが、この伴走支援モデルは、本来、小規模企業にも有効であることは、第1章の福島復興の事例でも明らかです。

小規模事業者は、地域の生活に必要な商品やサービスの提供、農林水産業や観光などの地域資源の活用と雇用の創出を通じて、地域社会を支える大切な存在です。私は、このことを、福島の被災地において肌で感じてきました。ただ、こうした小規模事業者の皆さんは、家業が忙しい中、なかなか経営管理がままならない方も多く、よほど経営が傾いてこないと伴走支援の必要性について理解されない状況でもあります。

そうした中、小規模事業者に寄り添って伴走支援する様々な方が前線で活躍されています。中小企業支援のアドバイザーとして全国で千回以上も経営者と講演・対話活動をしてきている立石《たていし》裕明《ひろあき》さんもその一人です。立石さん自身もかつて宿泊事業の経営に行き詰まって苦労をされた経験があり、それを踏まえたユニークな伴走支援の取り組みを進めています。立石さんによれば、日々の経営に追われ、経営状態の数値的な把握ができていない小規模事業者が大変多いということです。

そこで彼は、「事業者は経営計画書を作ろう」という国民的運動を呼び掛けています。小規模事業者が経営不振で追い込まれて悲惨な目に遭わないよう、とにかく平時から経営計画を作り、家業の問題点を把握し、何をしなければならないかに「気づく」ことが大事だと訴えています。そのためのきっかけ作りとして「命銭資金繰り表」という表に、日々の売上や経費などの数値を書き込んでいくことを推奨しています。経営者の手元に入るお金はしっかり残しておかなければならないという強い思いを見える形にしたものです。伴走支援において経営者に気づきを与える大変有意義な取り組みだと思います。

また、板橋区の企業活性化センター長の中嶋修《なかじまおさむ》さんは、やはり同様にかつてご自身の会社が倒産した経験から、経営者の気持ちをよく理解し、現場で粘り強く経営支援を行っておられる方です。中嶋さんの考えでは、経営不振の小規模事業者の多くは、経営計画や経営目標がなく、新しい取り組みに対しても拒否反応があるとのことです。そうした経営者が倒産・自己破産といった厳しい状況に追い込まれないよう、伴走支援を通じて、日頃から相談に乗れるような体制作りが重要だと説きます。ある意味で経営者自身に覚悟を持ってアクションを取ってもらう必要があり、そのためにも経営顧問のような存在が必要だという考えです。中嶋さんもまた私たちの伴走支援の考え方に共鳴いただき、今日も現場を走り回っておられます。

兵庫県多可町《たかちょう》の商工会で事務局長を務めている後藤泰樹《ごとうやすき》さんも、現場で数多くの小規模事業者に対する伴走支援に取り組んでこられました。後藤さんは、小規模事業者への伴走支援に際しては、相手の話を自分事として理解しようとする「共感力」が特に重要だと説きます。支援者として経営者に寄り添う、いわば〝支援者の愛〟を大切にし、その上で対話における「気づく力」や「質問力」にも力点を置いているとのことです。また、小規模事業者は、創業から現在までの歩み、将来に向けた目標まで事業者ごとに千差万別であり、事業者の個性を尊重する姿勢が重要だと考え、日々伴走支援に取り組んでいます。最近は経営力再構築伴走支援の考え方が支援の現場にだいぶ浸透してきていると感じられているようです。

数字による見える化と潜在価値の掘り起こし

中小企業アドバイザーの古川忠彦《ふるかわただひこ》さんも、毎日現場を飛び回っている一人です。彼も、決算書などを活用して「見える化」をしながら、経営者が本質的な課題に気づき、事業の潜在的な価値を見出していくよう対話と傾聴を進めています。彼が手掛けたある旅館事業者への伴走支援の事例を紹介しましょう。

最初は新規設備投資の補助金申請への支援要請がきっかけだったのですが、決算書を見せてもらうと、原価率が悪く赤字ぎりぎりの状態でした。しかも貸借対照表がなかったため経営者に新たに作成してもらうと、債務超過の状態で新規投資どころではないことが分かりました。他方で、静かな山間の環境や囲炉裏と温泉、地元産の手打ち蕎麦などの美味しい手作り料理といった強みもありました。その強みを活かせず低価格料金で、地元客中心の営業を行っていたのです。

そこで、古川さんは経営者家族に決算書の数字を見せながら、顧客属性の分析などのデータをもとに対話を進めていきました。そして、ローカル・ベンチマークを活用した差別化ポイント表を経営者に書いてもらい、今後の事業の立て直しの方向について経営者自身の納得感を高めていったのです。宿泊関係の専門家的立場から立石さんも支援に参加し、様々なアドバイスを提供していきました。結果的に、宿の強みを活かした高価格料金で、都心の比較的富裕層をターゲットとした新規顧客の開拓を目指すことになり、それに合わせた小幅の改修で事業を再開することになりました。ネットでの販売も始めたところ、狙いどおり都心からの顧客で稼働率が上昇、粗利益率も大幅に改善していきました。数字で経営者に気づきを促し、事業者の潜在的価値を掘り起こしていった好事例だと思います。

他にも頑張っておられる素晴らしい方は現場に数多くいらっしゃいます。ここですべてを語り尽くせませんが、大事なことは、こうしたそれぞれの現場での経験値を持ち寄り、共通項を見出すことで伴走支援の協調領域を広げていくことです。そういう意味で、皆さん積極的に他の支援者に知見を伝授し、全国に質の高い経営支援を広げようとしていることを大変心強く思います。地域の生活を支える小規模事業者は地域にとって非常に大切な存在です。しかし事業者の多くは、人口減少の中で厳しい経営環境に直面しています。事業承継を含め、自己変革に取り組む必要性はますます高まっていると言えましょう。小規模事業者に対する伴走支援が浸透していくことが期待されています。

4　伴走支援の学習と発展

ガイドラインとプラットフォーム

これまで述べたとおり経営支援には暗黙知があり、そのノウハウ移転には困難が伴いますが、伴走支援の土台として、ある種のテンプレートを確立することによって、その上に乗ってめいめいの支援者が切磋琢磨していくようになれば、より一段高いレベルの効果的な支援につなげることができます。こうした支援のソフト・インフラともいうべき基盤の構築を進めていけば、厳しい経営に苦しんでいる中小企業・小規模事業経営者にとって大きな希望の光になっていくものと思われます。そこで私は、同僚と一緒に様々な土台作りに取り組んできました。

一つは、「経営力再構築伴走支援ガイドライン」の作成・公表です。経営力再構築伴走支援推進協議会のメンバーが知恵を結集してとりまとめた実践マニュアルと言えるでしょう。主な内容は既に第3章で紹介したとおりですが、更に詳細なケーススタディも収集しております。巻末にもURLを掲載していますので、経営者の方や支援者の方はぜひご覧ください。

さらに、2023年6月からは「経営力再構築伴走支援プラットフォーム」をインターネットで公開しています。そして支援者同士が交流できるよう、SNSも活用しています。これは、様々な支援者が伴走支援の実例を紹介しつつその経験値を共有するプラットフォームで、既に2000名を超える方が全国から参加しています。これまで暗黙知であった伴走支援の事例を分かりやすく整理し、支援先企業の了解も得て公開しています。伴走支援は人間対人間の対話の世界であり、すべてを形式知化することは困難です。このプラットフォームを通じて全国の支援者が交流し、自分が抱える支援課題と類似の案件を解決した支援者を見つけ、出会うことで互いの暗黙知を共有し合う、そのようなプラットフォームを目指しています。どなたでも参加可能ですので、巻末のURLをご覧いただければと思います。

学習サイクルの確立

こうしたインフラ作りは、一回作り上げたら終わりではなく、改善しながら発展させていくような動的な仕組みにしていく必要があります。様々な現場の経験値を拾い上げ、蓄積し、それを支援者間で共有し、学習効果を働かせて積み上げていくサイクル作りです。こうしたサイクルを作ることで、民間支援者の創意工夫と切磋琢磨の努力を活かしつつ、全国の企業経営者に対して、より良質で高レベルの支援サービスを届けやすくすることができます。支援の質が上がり、経営者や社員の潜在力が開花することで、地域経済や日本経済の回復につなげていくという考えです。官民が連携して、支援の品質の標準化に向けた基盤作りを不断に行うプロセスができてくれば、そうしたプロセス自体が日本経済社会にとって大きな共有財産になるでしょう。これらの取り組みを通じて、さらに伴走支援への理解が広がり、より多くの経営者・支援者の方々に「伴走支援を試してみよう」「経営の中に取り入れてみよう」という動きが広がっていくことを願っています。

魂の種火

2023年2月、初めての伴走支援シンポジウムを東京で開催しました。全国から2000名以上となる大変多くの参加があり、伴走支援に対する期待と関心の高さをうかがわせるものでした。私は冒頭のあいさつの中で、福島の復興の話をしました。そして、「日本の中小企業には大きな可能性があり、地域を再生する力がある。日本経済を変える力がある。そして、経営者が持つそうした可能性を引き出すのは、伴走支援を行う皆さんです」と訴えました。伴走支援を実践する多くの皆さんが、チェンジ・エージェントとなって企業の自己変革と潜在力の開花に連なる「魂の種火」を分け合い、全国に広げ、日本経済の再活性化につなげていってくれることを強く期待しています。

伴走支援シンポジウムの風景

それでは、次章からいよいよ地域再生という「点から面へ」の問題について考えていきます。伴走支援を企業組織や人の潜在力を引き出す変換機能と捉えることで、地方経済や日本経済が抱える問題を解決していく道筋を示していきたいと思います。そして、組織開発の考え方がこうした分野にも応用できることを明らかにしていきたいと思います。

コラム：ＡＩ（人工知能）と人間の対話力

伴走支援の現場にある暗黙知をできるだけ形式知化し、支援手法の標準化を目指そうという話をしました。しかし、ここで一つ疑問が出てきます。支援の形式知化が進んでいくなら、ＡＩ（人工知能）が代行できるのではないかと。たしかに、経営者がその気になれば、機械学習して開発されたＡＩプログラムと対話をしながら経営を行うことが可能となるかもしれません。対話型チャットＧＰＴの登場です。特に、図表2－4（85ページ参照）に示したように、対話の本質が「具体化と抽象化の行き来による気づきと動機づけ」であるならば、客観化と抽象化が得意なＡＩが代行できる余地はあると思います。デジタル化を〝ゼロイチの物理表現から、現実に存在する複雑な人間の実課題を解決することの間を、共通のレイヤーをいくつも重ねることで連結するメカニズム〟だと捉えれば、確実にＡＩが対話を代行する余地は広がっていくでしょう。[*2]

ただ、実際には、ある程度の標準仕様をＡＩで行うとしても、すべてそれで完結することには限界があるのかもしれません。第一に、経営者がＡＩに話しかけて気づきを得たとして、それで本当に行動に移すことになるかという問題です。人間の感性と感情、さらには信頼や信念の問題です。やはり人間相手でないと、最後は行動変容の覚悟につながらないのではないか。たとえば対話においては、支援者が「寄り添いモード」だけでなく「向き合いモード」に切り替わって経営者を説得する場面があります。そうしたモード転換は、経営者本人の感情の場面に大きく左右されます。そうした人間の複雑な個別事情に対応する最後のレイヤーは、人間の思考回路自体がゼロイチのデジタルにならない限り、現在のＡＩで完全に代替することは難しいかもしれません。

第二に、実際の適応課題には、数多くの人間関係が内在しています。先代の社長や創業者との確執や、古参社員との意思疎通の欠如、中核社員が育たない悩み、取引先や金融機関との関係など、相当な変数が存在します。一方で、アウトプットとしての高度な経営判断は、様々な変数に応じた時々の環境に応じて異なるため、十分なデータのサンプルがあるわけではありません。ある程度のパターン化は可能かもしれませんが、それらの変数をすべて取り込んで高度な経営支援を行うＡＩの開発と実用化はコストがかかり非効率的でしょう。物理学で言う三体問題みたいなものかもしれません。

結局は、伴走支援が取り扱う問題が、人間関係と人間の意欲や感情、信頼に関わるものである限り、標準的なレベルはＡＩが代行するにしても、最後の重要な部分は引き続き人間同士の真剣な対話のやり取りが求められてくるのではないかと思います。しかし、ＡＩの標準化レベルは機械学習によって確実に上昇していくでしょう。近い将来、限りなく人間と同じ、いやそれ以上の力を持った対話ツールが出現するかもしれません。人間の支援者としての価値は、今のままとどまっていてはバリューチェーン全体の中で減少していきます。むしろ人間としては、人間の感情や感性、信頼という最後のレイヤーの感度を高めつつ、過去の経験値から高度な経営判断に有用な知恵を汲み取る能力を磨き、価値を提供できるようにしていくことが重要ではないでしょうか。そうすることで人間とＡＩとの補完関係が進化していくことが期待されます。

ある専門家が、「ＡＩには課題がない。なぜならＡＩは死なないから」と語ってくれました。命限りある人間だからこそ様々な悩みや課題を持つ。そして、それに共感し、信頼を置くという感情も生まれる。そういう意味でも、課題設定力は人間としての価値の一端を示すものと言えるかもしれません。このように、ＡＩの発達は、何が人間の価値なのか、そしてどこに人間の潜在力を引き出す伴走支援の真価があるのかを浮き彫りにしていくでしょう。私はＡＩの専門家ではありませんが、こうやってＡＩとの対比を考えることによって、人間としての経営者や支援者の潜在力を高めていくヒントが出てきそうな気がしています。

＊1　2024年1月に発生した能登半島地震で被災された方々に対して心よりお見舞い申し上げます。既に被災事業者の方々に対する伴走支援が動き出しており、全国から様々な支援者が応援に駆けつけています。こうした動きが事業再開や現地の復興につながることを心よりお祈りしています。

＊2　西山圭太『DXの思考法』P.91

第5章

地域再生と伴走支援

1　地域の包摂的成長プロジェクト

「地方消滅」のその後

もう10年以上も前の話になりますが、『中央公論』誌上に「地方消滅」という増田寛也氏の論文が出され、話題になりました。このままだと人口減少によって多くの地方自治体が消滅しかねないことをデータ推計によって示し、世に警鐘を鳴らしたのでした。私もこのプロジェクトの初期に参画して執筆の一部に関わりましたが、最後の会議を終えた帰りがけに、増田氏から「今回、問題提起はできたけど、次はどうやってこの問題を解決するかだね」と言われたことが強く頭に残っています。

その後、私は、この問題解決の一つの筋として、産業構造改革や中小企業政策の視点も重要であると考えるようになりました。もちろん人口減少問題は、個人や家族の問題、社会の問題など様々な要素が複雑に絡むものであり、多岐にわたる複合的な要素を整理しながら解決を図る必要があります。ただ、地方の多くの若者が、東京など大都市圏に転入している背景として、「地方に高所得でやりがいのある働き場がない」という問題点があることから、たとえば、もし地方の企業が稼ぐ力を向上させ、好待遇でやりがいのある雇用をもっと創出していけば、出産子育て世代の人材や家族が地方に定着し、結果として人口問題の解決にも寄与していくのではないかと思います。このためには、企業がある意味で適応課題に挑戦し、自己変革していく必要があります。ここに伴走支援の役割が出てきます。特に、地方の雇用の約85％を中小企業が占めると言われています。[*1] 中小企業に対する伴走支援を通じて、会社が潜在力を発揮して成長し、若者が定着・流入してくるような雇用や職場環境を創ることができれば、地方再生と少子化対策にも少なからず貢献できるかもしれないと考えたわけです。

地域の包摂的成長プロジェクト

近年、経済産業省では、これからの世界的に大きな構造変化の時代を見据え、新しい産業政策の方向性を議論するため、経済産業政策新機軸部会という審議会を立ち上げていました。その議論には、「地域の包摂的成長」という、都会と地方、大企業と中小企業における格差の解消を成長につなげていくといったテーマも入っていました。その担当となった私は、次の世代を担う若い職員を主体とするチームを立ち上げ、議論を進めてもらうことにしました。

チームには本省と地方局から若手男女職員の有志が集まってきました。包摂的成長とは、簡単に言うと、一部の人や地域ではなく、あらゆる人や地域が参画することで、より良い形で成長し、みんながその果実を得ることができる考え方を指すものであり、国際機関のOECDが2018年に閣僚声明で謳っているものです。[*2]

このチーム（通称、「地域の包摂的成長」検討チーム）は、これを日本の経済社会に捉え直したとき、大都市圏だけでなく地方も、大企業だけでなく中小企業も、そして若者や女性も活躍できる社会や産業構造を作ることが、日本の経済社会をより良い方向に成長させていけると考え、分析を進めることにしました。詳細の内容は審議会で発表されていますので、巻末のURLでご覧いただければと思います。以下では、彼ら彼女らがまとめてくれた分析と提言の骨子をご紹介したいと思います。

出生率の「合成の誤謬《ごびゅう》」

私たち検討チームが考えた問題の出発点は、「少子化の背景の一つには、地方における社会人口減少が日本全体の自然人口減少につながる負のスパイラルがあるのではないか」ということです。これ自体は、地方消滅論文でも指摘されていますが、これを産業構造と地域企業の問題として焦点を当てようとしました。つまり、何らかの地域経済社会上の構造的な歪みがある結果として、人口減少という現象が起こっている。その構造的な歪みを直していくことが本質的な課題だという発想です。いわば人口減少が表課題であるのに対して、構造上の歪みが裏課題と言えるかもしれません。具体的には、次の仮説です。

（1）地方では希望する職種や賃金等の待遇の良い仕事が見つからないため、若者、特に女性が職を求めて地方から東京圏に流入する傾向がある。
（2）しかし、生活コストが高い東京圏では、実感的な可処分所得や可処分時間が低く、経済的余裕もなくなり、結婚・出産できる状況を失わせている。
（3）かくして、比較的出産・子育て環境が良く出生率が高い地方から、出生率の低い東京圏への流入が続くという「合成の誤謬」が生じて出生率低下が継続する。地方経済の縮小がさらに進み、若者がますます地方から離れていく。

検討チームは、産業構造の観点からこの仮説を裏付けるデータを分析しています。まず図表5―1を見てみましょう。戦後、東京圏への人口の転入超過が続いています。

図表5－1：東京圏への男女別転入超過数の推移

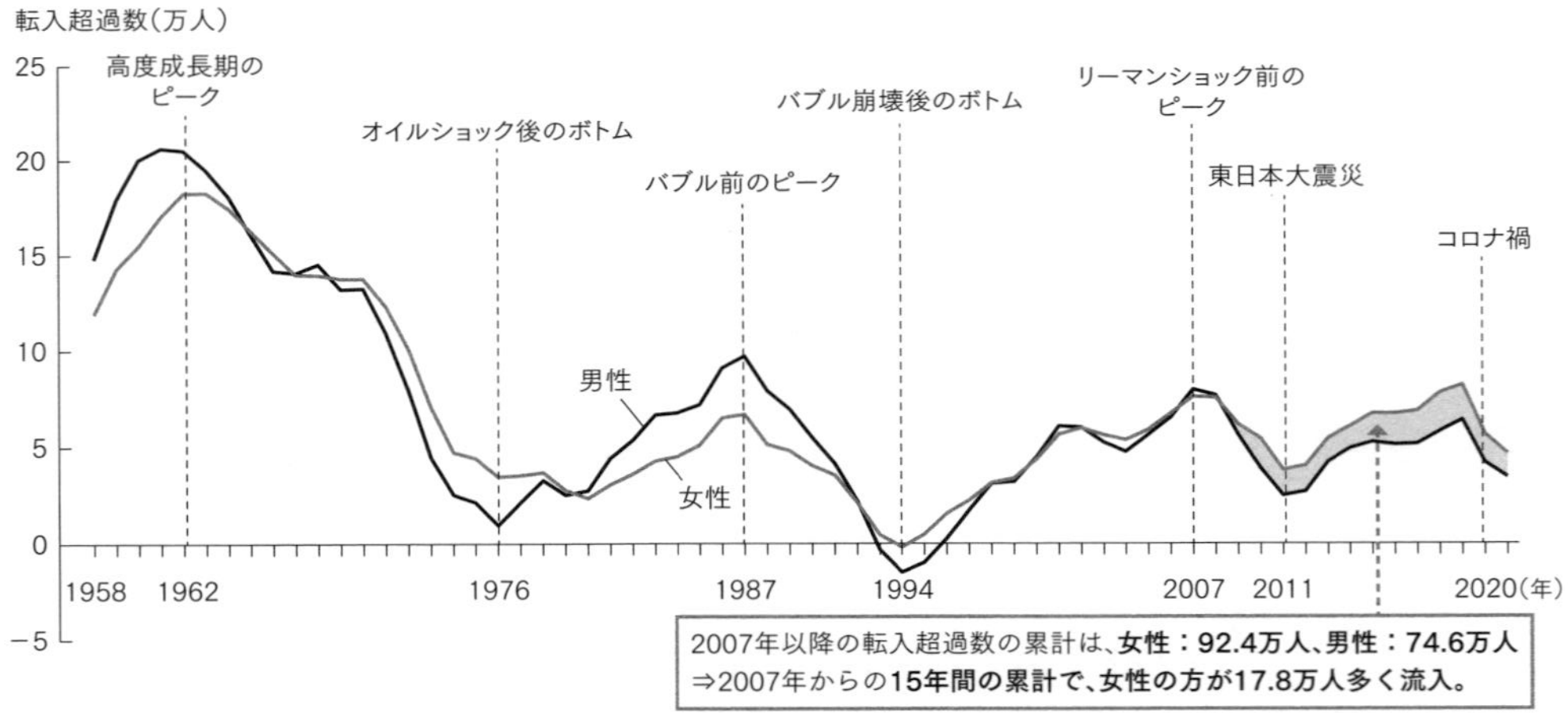

(注)ここでいう東京圏とは、埼玉県、千葉県、東京都、神奈川県の1都3県。
(出所)総務省「住民基本台帳人口移動報告」
(出典)「地域の包摂的成長」検討チーム審議会報告より

図表5－2：東京圏への流入者の移住の背景

1位	**希望する職種の仕事が見つからないこと（全体：25.6%）** ※男性：28.4%、女性：22.9%
2位	**賃金等の待遇が良い仕事が見つからないこと（全体：19.5%）** ※男性：23.4%、女性：15.5%
3位	希望することが学べる進学先がないこと（全体：15.2%） ※男性：15.3%、女性：15.1%
4位	**自分の能力を生かせる仕事が見つからないこと（全体：14.8%）** ※男性：18.8%、女性：10.9%
5位	日常生活が不便なこと（全体：11.9%） ※男性：10.0%、女性：14.0%

（注）母集団：東京圏外出身の東京圏在住者
（出所）国土交通省（2021.01.29）「企業等の東京一極集中に関する懇談会とりまとめ」（市民向け国際アンケート調査結果）p.23
（出典）「地域の包摂的成長」検討チーム審議会報告より

このような転入超過の理由ですが、図表5－2の国土交通省のアンケート結果に見られるように、希望する職種や賃金等の待遇の良い仕事、能力を活かせる仕事が見つからないことが、地元に残らずに東京圏への移住を選択する理由となっています。実際、東京圏の転入超過数の大半を10代後半、20代の若者が占めており、進学や就職が一つの契機となっていると考えられます。

こうした転入構造は、高度経済成長期時代から見られているものですが、特にここ10年間は女性の転入数が男性の転入数を上回っています。その背景には、女性の仕事やキャリアに対する偏見が地方において少なからずあることも影響していると考えられます。実際、私自身、経営に携わっている女性の方々から、「女性はお茶汲みなど仕事が固定されており、自分が頑張ろうとしてもなかなか新しいキャリアを切り開く展望が持てない」「子どもができたら退社するのが自然。いったん退社したら、子どもが成長してまた働けるようになって復帰してもなかなか仕事がない」といった声を聞きますが、特に地方においてそういった傾向が強いという話もよく聞きます。

可処分所得と可処分時間

たしかに東京圏では仕事の給料は地方よりも高いのですが、同時に物価も高く、生活にかかるコストを差し引いた実感的な可処分所得は、実は低くなっています。また、通勤や育児・介護、買い物にかかる時間などを除いた実感的な可処分時間を見ると、これもまた東京圏では低くなっています（図表5―3）。

このように故郷を離れ、東京圏で就職、生活したからといって、生活が楽になるのではなく、むしろ収入面でも時間面でも厳しい状況になることが分かります。一方、図表5―4を見ると、若者に対してどのような状況になれば結婚すると思うかを聞いたところ、「経済的に余裕ができること」が一番目に来ています。さらに、予定子ども数が理想子ども数を下回

図表5－3：可処分所得と可処分時間の都道府県別ランキング

都道府県別の実感的な可処分所得（上位5地域と東京圏の順位）

	可処分所得（中央世帯）	基礎支出（中央世帯）	差額＝実感的な可処分所得（中央世帯）
1位	富山県	東京都	三重県
2位	三重県	神奈川県	富山県
3位	山形県	埼玉県	茨城県
4位	茨城県	千葉県	山形県
5位	福井県	京都府	福井県
	⋮	⋮	⋮
	神奈川県（7位） 埼玉県（8位） 東京都（12位） 千葉県（17位）		埼玉県（23位） 神奈川県（26位） 千葉県（34位） 東京都（42位）

（注）中央世帯とは、都道府県ごとに可処分所得の上位40～60％の世帯を指す。基礎支出とは、「食料費」＋「家賃＋持ち家の帰属家賃」＋「光熱水道費」を指す。
ここでは、可処分所得と基礎支出の差額を、「実感的な可処分所得」としている。

（出所）国土交通省（2021.01.29）「企業等の東京一極集中に関する懇談会とりまとめ」（参考資料）P.77

都道府県別に見たフルタイム雇用者の平均可処分時間
（上位3地域・下位3地域と東京圏の順位）

	可処分時間（分/日）※平日
1位	北海道（778分）
2位	鳥取県（777分）
3位	青森県（776分）
	⋮
	全国平均（749分）
	⋮
36位	埼玉県（746分）
	⋮
38位	東京都（745分）
	⋮
41位	千葉県（742分）
	⋮
44位	沖縄県（738分） 神奈川県（738分）
46位	長崎県（734分）
47位	愛知県（730分）

（注）フルタイム雇用者の平日の可処分時間を算出。可処分時間は24時間のうち、通勤・通学／仕事／学業／家事／身の回りの用事／介護・看護／育児／買い物に係る時間を除いた時間（具体的には、食事、睡眠、テレビ・ラジオ・新聞・雑誌、休養・くつろぎ、趣味・娯楽 等）
（出所）総務省「令和3年社会生活基本調査」生活時間に関する結果　表74-4

（出典）「地域の包摂的成長」検討チーム審議会報告より

図表5−4：結婚に必要な状況と理想の数の子どもを持たない理由

結婚に必要な状況

● 結婚を希望している者で結婚していない20〜40歳代の男女に、どのような状況になれば結婚すると思うかを聞いたところ（複数回答）、「経済的に余裕ができること」と答えた人の割合が42.4%。

1位	**経済的に余裕ができること（42.4%）**
2位	異性と知り合う（出会う）機会があること（36.1%）
3位	精神的に余裕ができること（30.6%）
4位	希望の条件を満たす相手にめぐり会うこと（30.5%）
5位	結婚の必要性を感じること（28.4%）

（出所）内閣府「令和元年版　少子化社会対策白書」
第1章（1）結婚に関する意識「第1-1-29図　結婚に必要な状況」

理想の数の子どもを持たない理由

● 予定子ども数が理想子ども数を下回る夫婦のうち、妻の年齢が35歳未満の夫婦に対して、理想の数の子どもを持たない理由を聞いたところ、最も多く挙がるのが「子育てや教育にお金がかかりすぎるから」というもの。

1位	**子育てや教育にお金がかかりすぎるから（77.8%）**
2位	これ以上、育児の心理的、肉体的負担に耐えられないから（23.1%）
3位	家が狭いから（21.4%）
3位	自分の仕事（勤めや家業）に差し支えるから（21.4%）
5位	高年齢で生むのはいやだから（19.7%）

（出所）国立社会保障・人口問題研究所（以下、社人研）「第16回出生動向基本調査」　図表7-4-2

（出典）「地域の包摂的成長」検討チーム審議会報告より

る若い世代の夫婦への質問では、理想の数の子どもを持たない理由として、「子育てや教育にお金がかかりすぎるから」が圧倒的な比率を占めています。このことから、東京圏などで就職、生活する中で経済的余裕を失い、結婚せず、あるいは結婚しても希望の子ども数を出産できていない状況が浮かび上がります。

結婚・出産の希望の減少

実際、近年、若者の所得は顕著に減少しています。図表５―５を見ると、30代の年収分布は低下しており、それに伴い、男性の収入別有配偶率は、特に低年収ゾーンで近年低下していることが分かります。

この結果、合計特殊出生率だけでなく、希望出生率も低下してきています。図表５―６では、希望出生率を、既婚者の予定子ども数と未婚者における結婚希望割合および希望子ども数に分解して調べたものですが、近年の希望出生率減少の大きな要因として、未婚者割合の上昇と結婚希望割合の低下、希望子ども数の減少が挙げられます。

このように、若い世代が地方から東京圏に流入する一方で、若い世代の経済的余裕がなくなり、それが出生率の減少につながっている側面があることが分かってきました。もちろん

図表5－5：年収分布と有配偶率

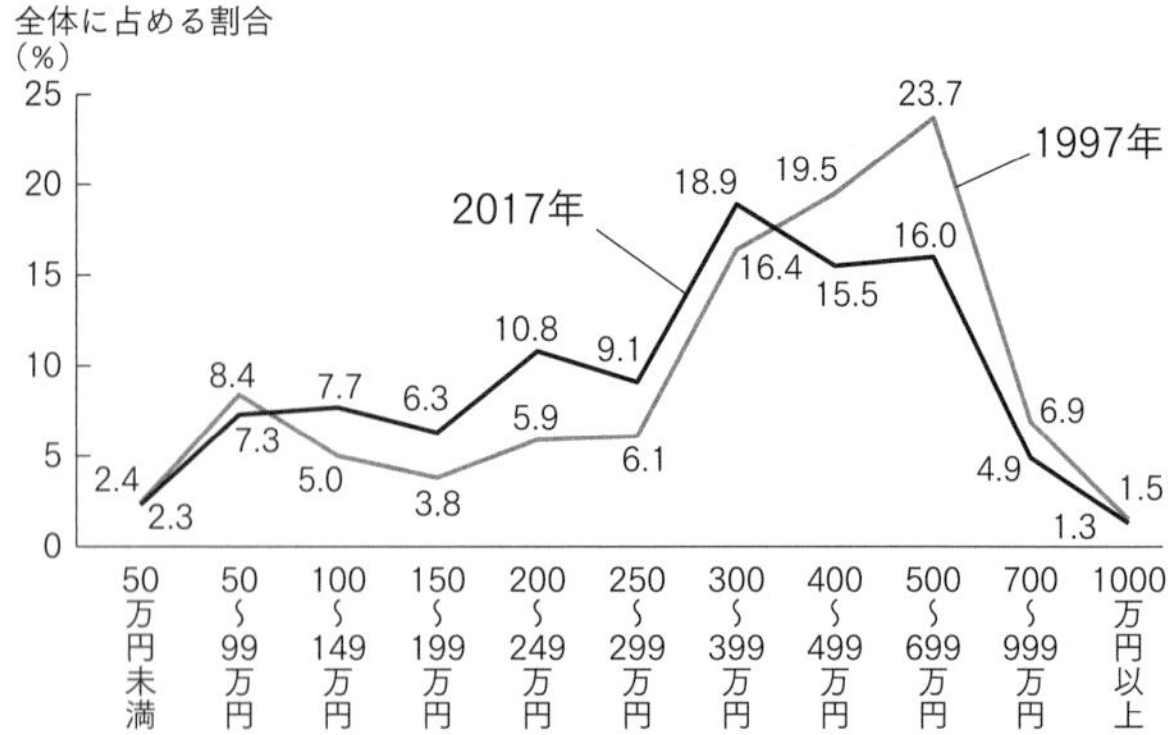

（出所）内閣府「令和4年版 少子化社会対策白書」第1-1-18図（総務省統計局「令和4年就業構造基本調査」を基に作成）

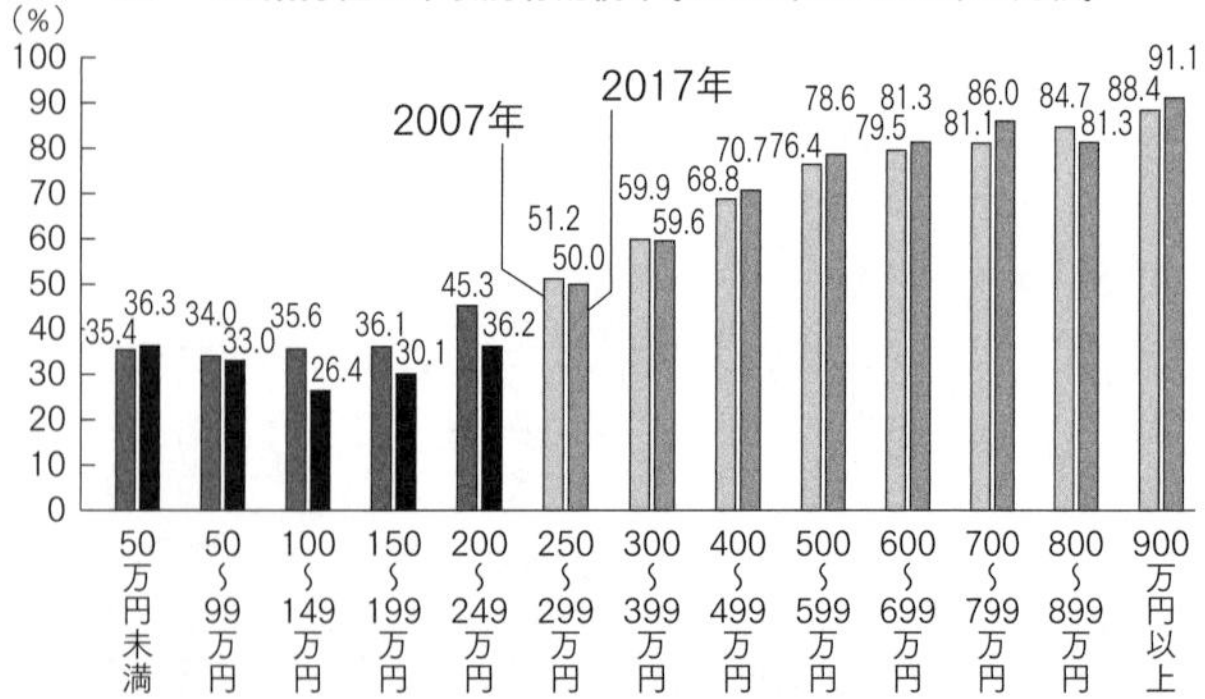

（出所）労働政策研究・研修機構「若年者の就業状況・キャリア・職業能力開発の現状③－平成29年版「就業構造基本調査」より－」（2017年）を基に作成。

（出典）「地域の包摂的成長」検討チーム審議会報告より

図表5－6：希望出生率と実際の合計特殊出生率の推移

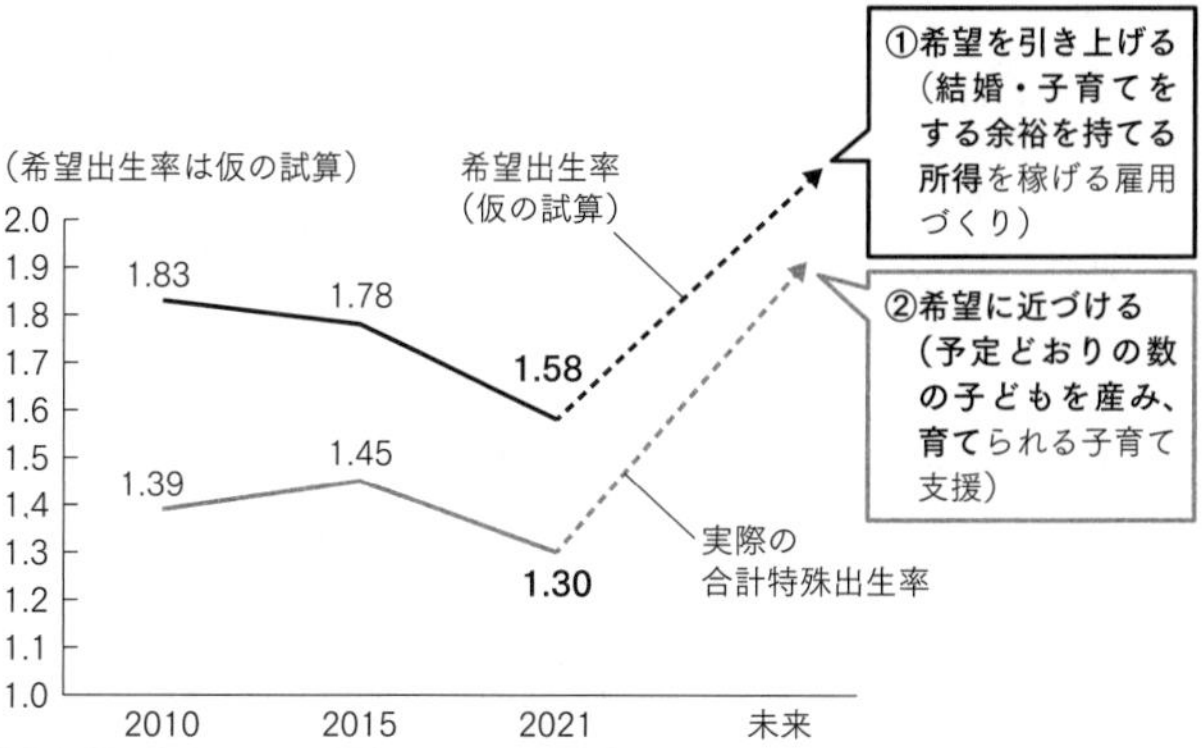

「希望出生率」＝{**既婚者割合×夫婦の予定子ども数＋**
未婚者割合×未婚結婚希望割合×希望子ども数}×離別等効果

2010年　(**0.34×2.07＋0.66×0.89×2.12**)×0.938　＝1.828…　≒1.83
2015年　(**0.32×2.01＋0.68×0.89×2.02**)×0.955　＝1.781…　≒1.78
2021年　(**0.30×2.01＋0.70×0.84×1.79**)×0.966　＝1.599…　≒1.60

- 希望出生率の定義：内閣官房資料から引用。
- 既婚者割合：総務省統計局「国勢調査」における18～34歳女性の総数と有配偶者数を基に経済産業省にて計算。未婚者割合は1－（既婚者割合）。
- 夫婦の予定子ども数：社人研「出生動向基本調査」における夫婦の平均予定子ども数から引用。
- 未婚結婚希望割合：社人研「出生動向基本調査」における18～34歳の女性のうち「いずれ結婚するつもり」と答えた者の割合から引用。
- 未婚者の理想子ども数：社人研「出生動向基本調査」における18～34歳の女性の独身者（「いずれ結婚するつもり」と答えた者）の平均希望子ども数から引用。
- 離死別等の影響：社人研「日本の将来推計人口」における出生中位の仮定に用いられた離死別等の影響。（一部最新の数字に更新）

（出典）「地域の包摂的成長」検討チーム審議会報告より

因果関係はこれだけでなく、個人の価値観など複雑で多様な要因が絡んでいると思いますし、所得の問題にしても正規・非正規雇用の問題をはじめ様々な要素を考えていく必要がありますが、以上の説明は多くの方に実感を持ってご理解いただけるのではないかと思います。

若者・女性が働く環境の変革

検討チームでは、こうした分析を基に、あるべき対応の方向性についても打ち出しました。まず、日本全体として、保育サービスなど公的支援の強化を図るとともに、働き方改革を通じた出産・育児しやすい職場環境の整備、そして若者の所得向上に向けた賃上げ、企業の稼ぐ力の向上が大きな柱となっています。特に地方において、良質な雇用機会と豊かな暮らしを創り出すことが、東京圏への人口流出を食い止め、出生率を構造的に反転上昇させる一つの契機になりうるとしています。地域の包摂的成長に向けて検討すべき政策の全体像をロジックツリーとしてまとめたのが図表5－7です。

これを見ると、人口減少の主要因として捉えている左側の出生数や婚姻率の増加といった各要素を分解していくと、右側にあるような地域・企業の成長、人的資本経営や働き方改革、家事支援サービスの普及、デジタル社会インフラの整備といった産業構造の問題にもつながっていることが分かります。
以下では、こうした分析に基づき打ち出した対応の方向性について、３つの柱に沿って紹介したいと思います。

①若者・女性の可処分所得の増加に向けて

若者とりわけ女性が「稼げる」「やりがいがある」と思える仕事を地方で選べるようになるためには、地域企業がそうした雇用を創っていく必要があります。このため、地方の経済と雇用を支える中堅・中小企業への支援が重要であると指摘しています。実際、中堅企業や比較的規模の大きい中小企業は、地方において大きな雇用のシェアを抱えています（図表５―８、１７２〜３ページ）。

同時に、将来そうした規模を目指す中小企業に対する成長支援を行っていくことが重要です。経営人材の育成強化、事業承継やM&Aの推進、人材戦略の強化、イノベーションの促進や円安下での海外輸出の一層の促進、賃上げの原資を得るための価格転嫁対策などが求められます。

また、経営自体も変革していくことが重要との観点から、デザイン経営やブランディング

の全体像（概念図）

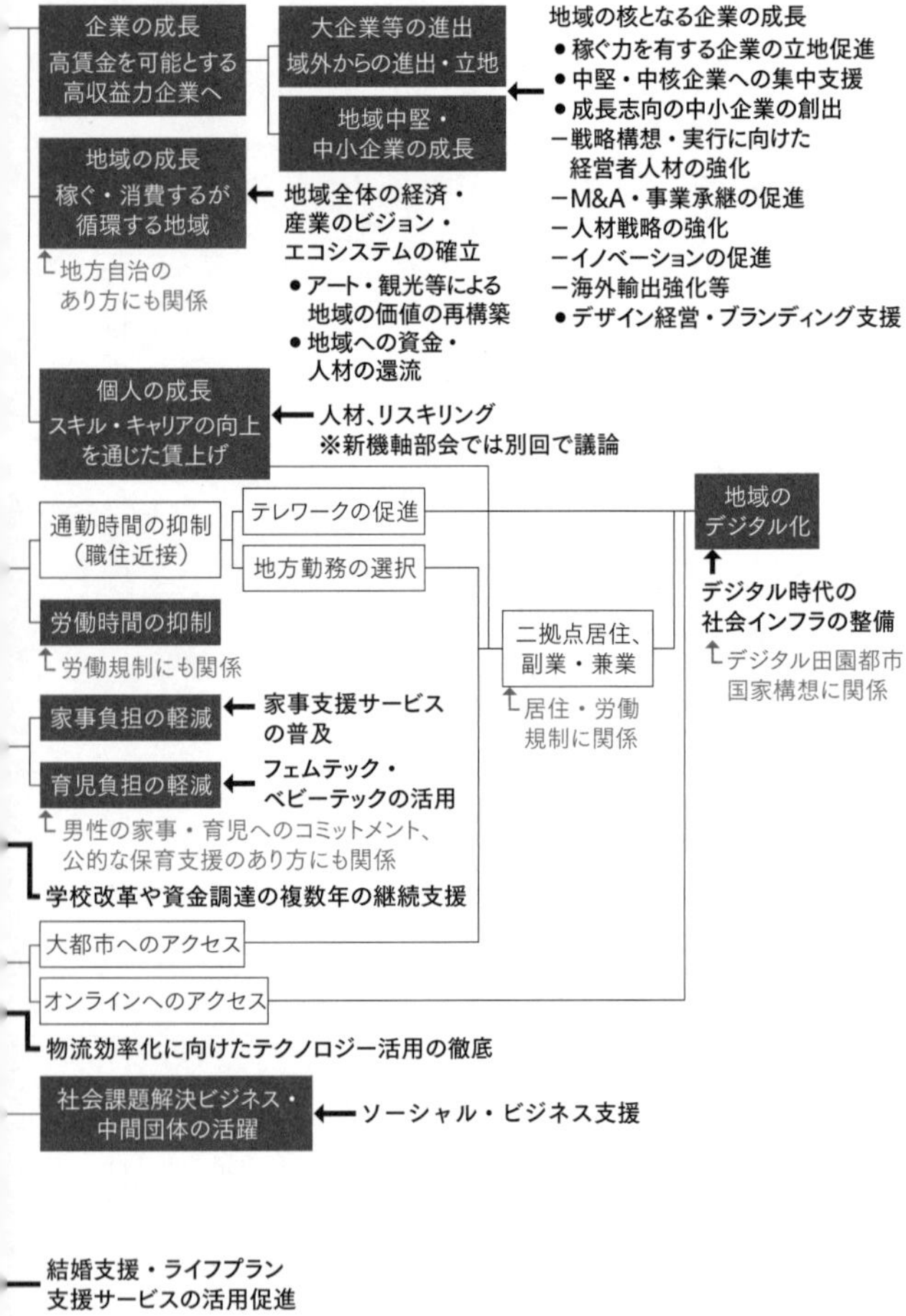

企業の成長
高賃金を可能とする
高収益力企業へ
大企業等の進出
域外からの進出・立地
地域中堅・
中小企業の成長
地域の核となる企業の成長
●稼ぐ力を有する企業の立地促進
●中堅・中核企業への集中支援
●成長志向の中小企業の創出
ー戦略構想・実行に向けた
経営者人材の強化
ーM&A・事業承継の促進
ー人材戦略の強化
ーイノベーションの促進
ー海外輸出強化等
●デザイン経営・ブランディング支援
地域の成長
稼ぐ・消費するが
循環する地域
地方自治の
あり方にも関係
地域全体の経済・
産業のビジョン・
エコシステムの確立
●アート・観光等による
地域の価値の再構築
●地域への資金・
人材の還流
個人の成長
スキル・キャリアの向上
を通じた賃上げ
人材、リスキリング
※新機軸部会では別回で議論
通勤時間の抑制
（職住近接）
テレワークの促進
地方勤務の選択
地域の
デジタル化
デジタル時代の
社会インフラの整備
デジタル田園都市
国家構想に関係
労働時間の抑制
労働規制にも関係
二拠点居住、
副業・兼業
居住・労働
規制に関係
家事負担の軽減
家事支援サービス
の普及
育児負担の軽減
フェムテック・
ベビーテックの活用
男性の家事・育児へのコミットメント、
公的な保育支援のあり方にも関係
学校改革や資金調達の複数年の継続支援
大都市へのアクセス
オンラインへのアクセス
物流効率化に向けたテクノロジー活用の徹底
社会課題解決ビジネス・
中間団体の活躍
ソーシャル・ビジネス支援
結婚支援・ライフプラン
支援サービスの活用促進

（出典）「地域の包摂的成長」検討チーム審議会報告より

図表5－7：「地域の包摂的成長」に向けて検討すべき政策

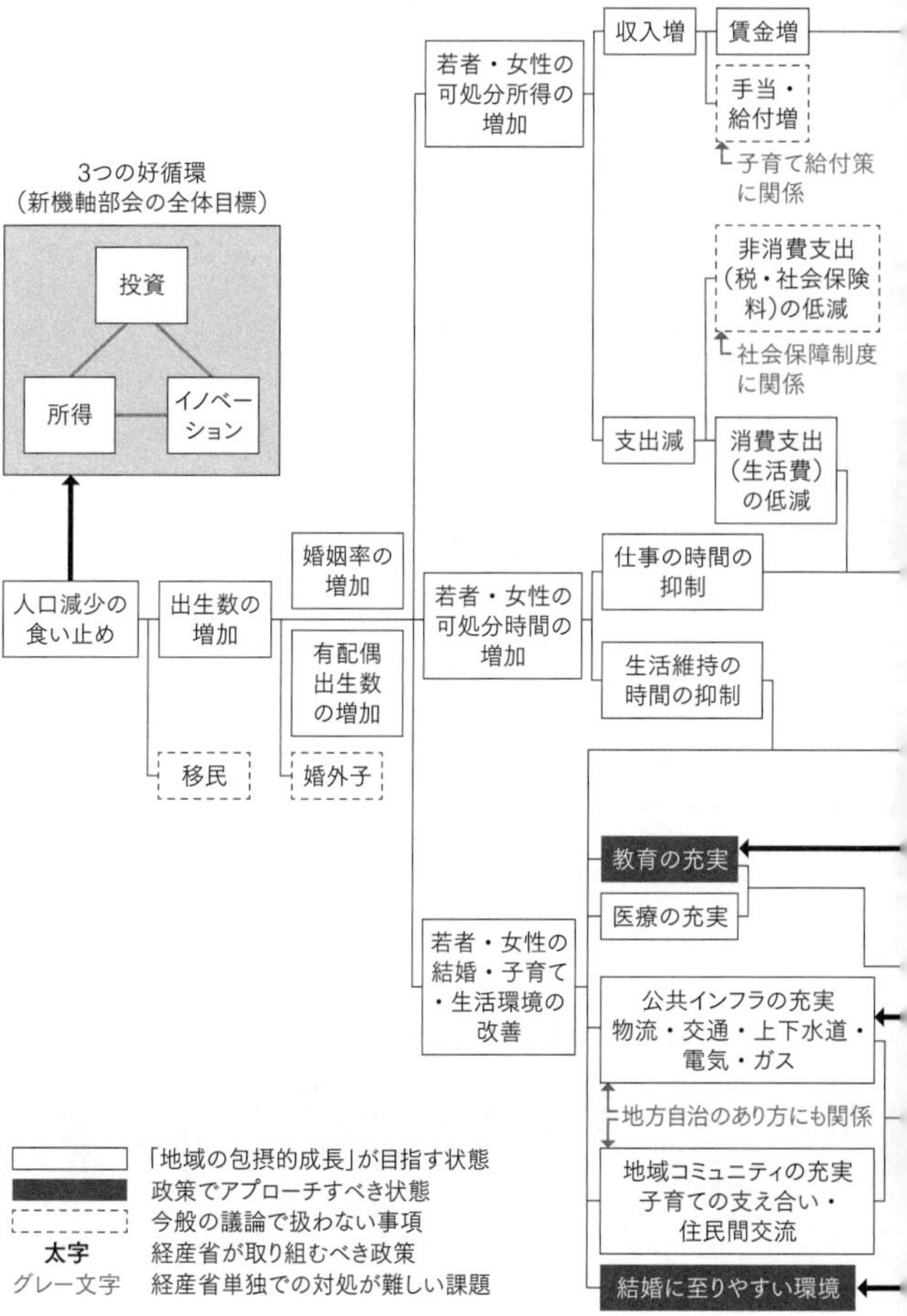

大企業	
中堅企業〜 大規模企業(300〜4,999人)	超大企業 (5,000人〜)
【常用雇用者数】 ●573万人(男性:62%、女性:38%) ●全体に占める割合:15%	【常用雇用者数】 ●482万人(男性:54%、**女性:46%**) ●全体に占める割合:13%
532万円	**【賃金】(労働者数1,000人〜)** 611万円
【常用雇用者数】 ●579万人(男性:60%、女性:40%) **●全体に占める割合:16%**	【常用雇用者数】 ●218万人(男性:54%、**女性:46%**) ●全体に占める割合:6%
453万円	**【賃金】(労働者数1,000人〜)** 540万円

(出所)総務省統計局「平成28年 経済センサス－活動調査－」、厚生労働省「令和3年賃金構造基本統計調査」
(出典)「地域の包摂的成長」検討チーム審議会報告より

などの取り組みも推奨されます。

その上で、地域全体の経済・産業のビジョンを作り、資金や人材が循環するエコシステムを確立していくことが必要だと唱えています。従業員となる「個人」においても、リスキリングや学び直しとともに、兼業・副業や転職しやすい柔軟な働き方に向けた様々な改革が求められるとしています。

②若者・女性の可処分時間の増加に向けて

若者・女性が理想の働き方を

図表5－8：地域別・企業規模別に見た雇用シェアと賃金水準

	中小企業	
	小規模企業 （常用雇用者数：～19人）	中規模企業 （20～299人）
東京圏（43％）	【常用雇用者数】 ● 160万人（男性：60％、女性：40％） ● 全体に占める割合：4％	【常用雇用者数】 ● 383万人（男性：63％、女性：37％） ● 全体に占める割合：10％
	【賃金】（労働者数10～99人） 471万円	【賃金】（労働者数100～999人）
地方圏（57％）	【常用雇用者数】 ● 429万人（男性：60％、女性：40％） ● 全体に占める割合：12％	【常用雇用者数】 ● 902万人（男性：61％、女性：39％） ● **全体に占める割合：24％**
	【賃金】（労働者数10～99人） 396万円	【賃金】（労働者数100～999人）

（注）中規模や中堅の定義は様々ある中で、一つの考え方として常用雇用者数で設定。ここでいう東京圏とは、埼玉県、千葉県、東京都、神奈川県の1都3県。四捨五入している関係で、東京圏・地方圏それぞれの常用雇用者数が全体に占める割合は、各マスの合計とは一致しない。賃金は、一般労働者（＝短時間労働者以外の者）の値。「きまって支給する現金給与額×12」と「年間賞与そのほか特別給与額」を足したもので、年収に相当する金額となっている。なお、都道府県ごとの労働者数のウェイトで加重平均して算出している。

実現するためには、場所や時間にとらわれない働き方を選択しやすい社会を構築する必要があり、可処分時間の増加につながる政策が必要となります。このため、若者・女性を中心に社員のモチベーションを高め、人の価値を最大限引き出す取り組みとしての人的資本経営の推進、働き方改革による労働時間の適正化、両立支援・子育て支援、女性活躍の推進が、地域の中堅・中小企業において求められます。

また、家事支援サービスの利

活用促進による可処分時間の増加も重要な視点です。サービスの需要拡大や信頼性向上とあわせ、企業の福利厚生政策を通じた導入促進などの方策が検討されるべきとしています。更に、ベビーテックやフェムテックの普及活用、テレワークやワーケーションを支える地域社会のデジタル化といったインフラ整備も求められるとしています。

③若者の結婚・子育て・生活環境の改善に向けて

検討チームは、若い世代が子育て・生活をしやすい地域作りを行うべく、テクノロジーやサービスを用いた環境改善を促すため、次の提言も行っています。第一に、地域社会のデジタル化に向けた社会基盤の整備、第二に、学校内外でのＩＣＴ活用による多様なニーズに応える地方での学びの実現、第三に、デジタルを活用した交通・物流など公共サービスを含む生活インフラの持続可能性の向上、第四に、社会課題解決ビジネスや中間団体の活躍を通じた地域コミュニティ活性化です。加えて、かつて存在していたお見合いや職場結婚などのアナログなマッチング機能の低下や、結婚を希望しているが行動を起こしていない人が多数存在していることを踏まえ、結婚に関する様々なサービス（ライフプランの効果的な提供、マッチングアプリの信頼性向上等）についての取り組みが必要だとしています。

以上の提言内容の中には、まだ十分煮詰まっておらず、今後さらなる検討が必要なテーマもありますが、若い世代のチーム員が主体性を持って自由に議論を展開し、こうした課題を浮き彫りにしていったことは上の世代としても重く考えるべきでしょう。

この分析と提言が審議会で公表されると様々な反響が起きました。中には、「共働き共育て」を男性自身がしっかり考えていくべきだという意見もありました。これらの問題提起の後、たとえば中堅企業に対する支援拡充のように具体的な政策として動き出したものもあります。

２０２４年１月には、民間有識者で構成された人口戦略会議が「人口ビジョン２１００」を発表しました。提言は、「人口減少という未曽有の事態を、国民一人ひとりが自らにとっての問題として認識し、社会経済全般にわたる改革を進め、結婚や子どもを持つことを希望する人が、その希望を実現できるような社会にしていく」ことを強く訴えています。[*3] この提言の中でも、地方企業の賃金や雇用の改善の重要性が触れられています。このように、人口問題や地域再生の問題を様々な角度から検討し、国民的議論にしていくことが非常に重要な局面となっています。私は「地域の包摂的成長」検討チームの若い職員の皆さんの尽力を讃えたいと思います。

2　産業構造の転換と伴走支援

経営転換への支援

以上の議論で、地域の雇用を支える中堅・中小企業が、若者・女性がやりがいを持って働くことができる仕事を地方に生み出すことが、地域再生と人口減少の抑止に重要だということを示してきました。しかし、実際にどうやってそれを実現していけばよいのでしょうか。

そもそも、こうした議論は、ミクロ単位の企業やそこで働く人にとってどのような意味を持っているのでしょうか。

たとえば、地方の中小企業がそうした雇用を生み出すためには、生産性を高めて、高い給料を払う原資となる利益を上げることが求められますが、そう簡単なことではありません。そこで、変換機能としての伴走支援の役割が出てきます。企業が、個々の社員が持つ多様で独創的な力を引き出すことによって、潜在的な価値と生産性を高めていくような経営転換への支援です。このような経営転換と働き方との関わりをどう考えていけばよいのでしょうか。まずはこの点を産業構造の観点から今一度整理してみたいと思います。

ピラミッド型産業構造から価値創出型産業構造へ

戦後の我が国の産業構造を振り返ると、大手企業を中心とするピラミッド構造があり、中小企業は下請として技術や品質、納期などに磨きをかけながら安定供給を支えていく、いわば〝職人型の経営〟が中心でした。

それは経営そのものというより、工場長としての役割に近いところもあったと思います。こうした多重下請構造は、いわば大量生産とコストカット型の低価格競争時代に適応した構造であり、製造業に限らずサービス産業においても似たような取引構造が見られます。しかしながら、これでは現代のアジア各国との国際競争には勝てませんので、中小企業としても、経営の方向を大きく変えることが求められ続けているわけです。また、消費者の価値観の多様化や地球環境問題への意識の高まりなど需要側の構造変化も起きています。大手から言われたとおり行う下請型経営ではなく、ＳＤＧｓやＧＸといった社会課題や、顧客ニーズに対応して新しい商品・サービスを開発し、自社ブランド化などを目指しながら価値を創造していく経営が必要になってきます。当然ながら知的財産を重視した経営が不可欠です。一方の大企業側も、下請企業の価格転嫁をしっかりと受け入れ、中小企業との対等なパートナーシップの下で、共にイノベーションを行う関係を築いていくことが求められます。[*4]

働き方の変革

こうした方向性は、他者との差別化を図り、付加価値の増大を目指すものです。そのためには社員の個性を活かした事業戦略と組織能力を備えた経営が求められます。

これを働く人の側から捉えていくとどうなるでしょうか。従来の下請構造の下では、社員は、社長や取引先から言われたとおりを忠実にこなすことが求められました。しかし、そうした他律的で受け身の作業だけでは社員の内発的動機づけはなかなか高まりませんし、本来個々の社員が持っている多様な能力が活かされません。また、社長の経営方針が社長個人の頭の中にあってブラックボックス化されていると、社員は指示待ち状態にならざるを得ません。そうした経営の下で生み出される商品やサービスは他社と差別化できず、結局、一層の価格競争に飲み込まれ、賃金が上がらないという悪循環に陥る可能性があります。そして自律的な働き方にならなければ、残業もなかなか減らず、子育てしやすい職場環境には改善さ

図表5−9：産業構造転換と新たな価値創出

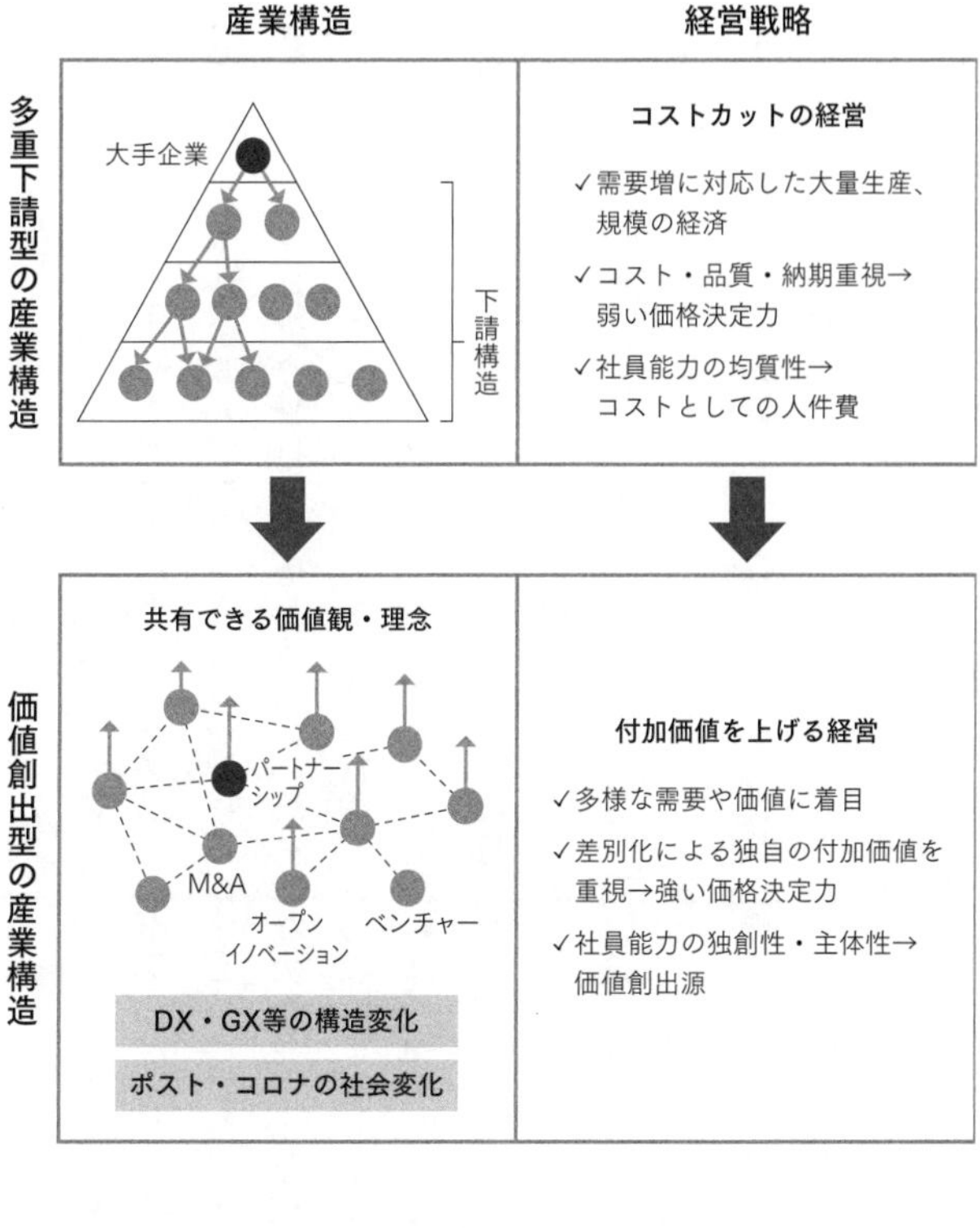
産業構造
経営戦略
多重下請型の産業構造
大手企業
下請構造
コストカットの経営
✓需要増に対応した大量生産、規模の経済
✓コスト・品質・納期重視→弱い価格決定力
✓社員能力の均質性→コストとしての人件費
価値創出型の産業構造
共有できる価値観・理念
パートナーシップ
M&A
オープンイノベーション
ベンチャー
DX・GX等の構造変化
ポスト・コロナの社会変化
付加価値を上げる経営
✓多様な需要や価値に着目
✓差別化による独自の付加価値を重視→強い価格決定力
✓社員能力の独創性・主体性→価値創出源

れません。

そうではなくて、社員自身が本来持っている多様で独創的な能力を活かした生産活動を行い、その結果として他社と差別化されたアウトプットが出ることによって、高い付加価値とその対価としての高賃金収入がもたらされる循環を目指すことが重要です。それによって、社員もそれぞれの多様性や独創性に応じて自らの潜在的な力を発揮する機会を得ることができれば、一層やりがいと意欲を持って主体的に行動できるようになります。自律的な働き方は残業を減らし、職場環境を改善させるでしょう。経営者は、知的財産を守りつつ、稼いだ利益を社員に給与として還元していきます。大きな経営ビジョンを共有しながら個々の社員の特性に応じたやりがいのある仕事を作っていくことが、究極の人不足対策になっていきますし、一人ひとりの潜在的な力を引き出すことによって付加価値を創出する力は高まっていきます。

このように、産業構造の転換と、経営の変革、社員の働き方の変革はつながっているのです。そして、それは対話による創発を通じ、個々の人間、個々の企業が各々の特性を活かして潜在力を発揮し、相互につながりながら更に創発の機会を生み出すネットワーク構造に移行することを意味します。[*5] こうした移行によって、マクロ的にも日本経済の成長につながる

図表5－10：産業構造と経営戦略・社員の働き方の関係

	産業構造	経営戦略・社員の働き方
人口増加期（～1980年代頃）	**需要・生産能力増を前提** ●耐久消費財に対する需要の爆発的な増大等、人口増加に伴う需要の拡大や生産能力の向上を背景とした産業構造が現出。	**需要・生産能力の増加に対応した経営** ●大量生産・効率性追求の経営。多重下請構造の現出。 ●経験に基づく習熟を社員に求めた長期雇用。多様性・個性が捨象され、均質的で安定した労働力が求められた。
現代	**独自の価値提供が必要な産業構造** ●グローバル化・ICT化により、長期安定取引関係から、対多数・多面的な取引関係へ移行。 ●既存のモノ・サービスへの需要が飽和。新たな価値観（SDGsの重視等）に伴う消費者ニーズの多様化・個別化に対応し、差別化された付加価値を有する商品・サービスが需要を獲得する方向へ。	**独自の価値提供と多様な人材が活躍する経営** ●既存商品・サービスと差別化された価値を創造するために、その企業が顧客に提供できる、他社と異なる価値を構想し、提供していく経営が必要。 ●若者・女性を含む多様な人材が企業内で創造的な仕事に取り組める場が用意されていることが、新たな価値観や多様なニーズを捉えるために重要。結果として得られた利益を、貢献した社員に還元。

（出典）「地域の包摂的成長」検討チーム審議会報告を基に筆者が一部加工

と考えられます。

価値創出型への経営転換

今お話しした経営と働き方の変革は、決して机上の空論ではありません。実際に私がお会いした多くの経営者の方がこうした方向を目指し、実現されています。

その方たちに共通する典型的なパターンをご紹介しましょう。ある企業では、従来は大手メーカーに納入する商品を下請として製造していたものの、短納期発注などで残業を強いられ、従業員を募集してもなかなか集まらないという状況でした。この経営者は、こうしたビジネスは長続きしないと考え、下請比率を下げて、その代わり自社の得意な技術を用いた特注品を開発し、新たに顧客を開拓して直接取引するビジネスモデルに転換するようにしてきました。この結果、社員も、元請の指示に振り回されずに、自身の得意分野を活かした特注品の企画・製造・販売といった、顧客と直結するやりがいのある仕事に集中することができ、社員の当事者意識（オーナーシップ）と意欲が高まりました。自己完結性、自律性が高まった結果として残業も減り、加えて、自社ブランド化によって格段に利益率が向上したため、給与増の形で社員に報いることもできました。この結果、社員の離職はなくなり、求人募集しなくても人材が応募してくるようになりました。

こうした価値創出型の経営は、若い世代でも広がり始めていると感じます。私がある地域の金融機関主催のフォーラムに参加した際のことです。そのフォーラムのテーマはまさに経営の自己変革に焦点を当てたものでした。一緒にパネルディスカッションに参加した地元の若手経営者の皆さんは、親の会社を受け継ぎつつも、その潜在的な事業価値にさらに磨きをかけたり、抜本的に戦略を見直して新たなサービスを展開したりして顧客満足を追求し、それに見合う価格変更（値上げ）によって利益を確保していました。同時に、従業員との対話を重視し、賃上げも実施しながら従業員の意欲と潜在力を引き出していくという、まさに価値創出型の経営変革を自らの力で進めていたのです。そうした若い世代の経営者が着実に増えてきていることを私は大変嬉しく思いました。

価値創出型の経営には、ニッチトップやオンリーワンで独自の事業価値創出を目指すケースもありますが、この他にも、成長志向的なM&Aによってシナジーを発揮させ、社内のイノベーションの力を伸ばすことで新たな価値を創出していくなど、様々なケースがあると思います。また最近は、地域社会課題解決型ビジネスを起業し、横のネットワークを広げながら価値創出型経営を進めるゼブラ企業も増えています。[*6] 共通点は、共有できる価値観や理念を掲げ、経営者が社員と共に組織の潜在力を引き出していることです。このように、優れた経営力で事業戦略を転換し、実行している地方発の素晴らしい成長企業は実は数多く存在しています。他方、こうした経営の変革の糸口が見つからず、経営の沼地にとどまっている会社も少なくありません。そこで変換機能としての伴走支援の役割が出てくるのです。日本経済全体で価格が動き始めた今がチャンスだと思います。

中核企業への集中支援とネットワーク化

地域再生の文脈では、中核的な企業の経営が変革し、それが地域内の他の企業や取引先にも波及して、全体として地域経済が底上げされていくことが望まれます。そのためにも、中核企業に対して集中的な伴走支援を行っていくことは重要です。前章でご紹介した各地方経済産業局が現在取り組んでいる官民合同チームの取り組みはこれを狙ったものです。

特に今後は、これから長期的に飛躍的な成長を目指そうと志す経営者に対しても、集中的な経営支援を行うことが有効でしょう。たとえば、地域を代表する中小企業の中には、もともと数億円程度の売上だった家業を引き継いだ二代目、三代目の経営者が、様々な経営の変革を行って100億円以上の売上の中堅企業に育てあげているケースが多くあります。そうした優れた経営者は、地域の仲間の経営者を巻き込んで、新しい世界を見せながら、共に成長していくネットワークを作っています。このような波及効果を念頭に置いて集中的な伴走支援を行い、経営目標の実現を側面からサポートしていくことは、地域経済の発展につながるものです。そして、若者や女性をはじめとする社員が活躍できる職場が創出され、社員への処遇改善とともに地域内の消費者としての購買力を高め、地域内経済循環を高めていくことが期待されます。

地方自治体の中には、個々の企業への支援に対して躊躇するところもあるかもしれませんが、今や企業の稼ぐ力を無視しては地域再生は難しいと言わざるを得ません。むしろ、中核的な企業への支援を通じて上記の波及効果をもたらしていくような座組を自治体が積極的に作っていくべきでしょう。特に、地域企業の中には、農林水産や観光等の様々な地域資源を活用し、域外や海外から稼いだ利益を地域内に還流させる企業も多くあり、そうした企業への伴走支援は重要です。

価値創出型の経営を実践する優れた経営者は、自社のことばかりではなく、地域全体のことを考えている方が多いと思います。実際、私は、仕事柄これまでも多くの全国の中小企業経営者の方々とお会いしてきましたが、若くして地域の中核企業として経営を担ってきた皆さん方は、本当に地域のことを考え、地域の将来のために貢献したいと考えておられます。そうした志を同じくする経営者の仲間が集まり、日本の地方を活性化させるために、本業の発展を通じて共に貢献していこうというネットワークを広げていくことは、非常に重要だと考えます。イタリアのブルネロ・クチネリが小さな村に本社を置いて雇用と地域再生に大きく貢献したように、日本の企業も様々な地域の雇用やまちづくりで活躍できる可能性は大きいと思います。そのためにも、対話と傾聴の考え方で、リーダーとなる企業が他の企業の潜在力を引き出していくことが期待されますし、自治体や関係機関の皆さんが、そうした企業を応援していくことが、地域再生のためにも今まさに必要なのです。

3　適応課題としての地域再生

点から面へ

この章の冒頭で紹介した「地方消滅」論文は、その後地方創生の政策群として結実し、それぞれの地方自治体において様々な対策が実行されてきました。一方、私は、これまで述べてきたように、課題解決型の発想だけでなく課題設定との車の両輪でこの難しい問題に取り組む必要があると考えました。交付金や補助金だけでは「技術的問題」の解決に過ぎないからです。

そこで、ここからは地域再生の問題を「適応課題」と捉え、伴走支援の考え方を応用して、具体的な進め方を考えてみたいと思います。それは地域再生の内容ではなく、そのプロセスに切り込むことです。そして、抽象的な議論で終わらせるのではなく、個々の当事者を意識づけして行動変容に結び付けていくことです。あくまで一つの可能性とご理解ください。

まず、主役となるのは地方自治体です。地域経済を扱っていく上では、地元金融機関や商工団体との連携が不可欠なので、そうした関係者が問題意識を共有し、課題に向き合う場を設定していくことが重要です。データを活用して現状を「見える化」し、その上で現実的に地域が目指すべき方向やビジョンなどを議論していきます。そして、その方向を実現していくため、伴走支援の仕組みを面的に展開していくのです。具体的な実践部隊として、自治体独自の官民合同チームを編成します。地域経済の底上げを図っていくのであれば、地域経済を支える企業群に対してチームが伴走支援を展開し、企業が自己変革し、潜在力を引き出していく連鎖反応を生み出すことを目指します。地域企業が稼ぐ力を高め、地域内取引が広がり、十分な給料とやりがいのある雇用と出産・育児がしやすい職場環境が創出されてくれば、地域経済は変わっていきます。関係機関が対話と傾聴を繰り返しながら、伴走支援スキームを活用して地域企業の自己変革を応援し、面的に広げて地域再生につなげていくのです。ここからは、自治体や地域の関係機関を対象として議論を進めてみたいと思います。

地域再生をめぐる「5つの壁」

まず、地域再生の問題を適応課題として向き合うことが第一歩です。第3章で述べた「経営者の5つの壁」を、自治体にとっての地域再生の問題に置き換えてみるとどうなるでしょうか。

①見えない

事業者の経営状況を示す様々な情報の可視化ができていない状態。

⇓自治体の場合、近年RESASなど様々な分析ツールが発達しており、これを活用すれば、地域の経済状況や人口動態などが分析できます。

②向き合わない
経営者が現実を直視できず、課題設定とその解決に向けた対策の落とし込みができていない状態。

⇓多くの地方自治体にとって、人口減少や地方経済の衰退はまさに目の前に迫った危機であり、よほどのことがなければ向き合わざるを得ない局面にあると思います。

③実行できない
経営者が本質的な課題にうすうす気づいていたとしても、組織内外のしがらみや心理的障壁があり、その本質的な課題と向き合って実際に行動に移せない状態。

⇓自治体首長にとっては、役所組織や議会、住民をはじめ様々なステークホルダーとの関係の中で、合意形成に時間とコストがかかり、なかなか実行に至らないケースがあると思います。

④付いてこない
経営者がその課題に取り組もうとしても、現場の巻き込みが不十分で、現場レベルを踏ま

えた取組となっておらず、従業員が当事者意識を持って解決に臨めていない状態。

⇓自治体の場合、首長が進めようとしても役場の調整が難しいとか、議会の合意が得られないとか様々なケースがあると思います。

⑤足りない
本質的な課題が明確となり、経営者本人と従業員の意識も共有されているものの、課題解決のための知見や経験が足りない状態。

⇓自治体の場合、まさに地方創生のための交付金や補助金など、様々な支援策が国から提供されています。必要な場合、議会を通じて自治体として自ら必要な予算を成立させることも可能です。


第3章でも述べたように、⑤は技術的問題として、既に解決策が手に届くところにあると思いますが、②③④は主に適応課題であり、自治体自体（役場組織のみならず議会、ひいては住民）が変わらなければならない問題であると言えます。①の「見えない」も適応課題を含む場合があります。

自治体版官民合同チームの展開

このように、地方創生ないし地域再生の問題は、適応課題として取り扱う必要があります。しかし、地域の枠内だけで考えていてはなかなか自己変革することは難しいかもしれません。そのためにも、自治体がチェンジ・エージェントとしての外部人材を入れたチームを編成し、地域の対象主体に対して伴走支援を行っていくことが重要になります。

ここでは、地域企業を対象とした伴走支援の戦略について考えてみたいと思います。まず、自治体の産業振興部門が、中小企業診断士などの専門家や都心の大企業出身者など経験値を持った外部人材を募集し、官民合同チームを編成します。地元出身者や地元工場・営業所出身者など所縁《ゆかり》のある人に声をかけることも一案です。そして、公募等により参加する地域内の企業に対して、面的に伴走支援を行い、企業の自己変革を促すプロジェクトを展開していきます。地元金融機関と商工団体の協力が必要であり、場合によって関係者間の協議会のような建て付けも重要かもしれません。また、地方経済産業局やよろず支援拠点などの知見を借りることも有用でしょう。

多くの地域企業は、経営の沼地にはまっていて生産性が伸び悩んでいるか、将来の事業戦略の方向に迷いがあると思われます。そうした状態のまま、単に補助金をつぎ込んでいてはさらに深みにはまってしまう恐れがあります。官民合同チームが経営者と対話を進め、潜在力を封じ込めている要因を取り除く、あるいは潜在的な事業価値を高めて利益が上がるような取り組みを進めていきます。補助金採択の要件として、それを有効に活用できるよう伴走支援の参加を求めることもありえます。変換機能としての伴走支援の結果、事業承継や事業譲渡という道を選択する経営者が出てくる場合もあるでしょう。重要なのは、地域全体で、沼地を抜け出して高台に登っていこうというベクトルを共有し、持続させていくことです。そのためにも、議会や関係者の官民合同チームに対する粘り強いサポートが不可欠です。

伴走支援を通じて、企業の稼ぐ力が高まり、地元雇用の社員に給与増で還元して購買力の向上を後押しし、取引先には価格転嫁で応えていき、地域内経済循環の機能を高めていくことを目指します。同時に、社員の個性を活かしたやりがいのある仕事と子育てしやすい職場を作って人材を呼び込んでいく。このようにして官民合同チームが様々な企業に伴走支援を展開することにより、点から面への流れができ、連鎖反応的にさらに多くの企業や人材の潜在力が引き出されていけば、地域再生はまだまだ可能性があると思います。その際、次の3

点に留意することが重要でしょう。

データによる見える化と現在地の確認

第一に、地域が適応課題と向き合うために、データを駆使して現状の見える化を図ることです。第一の壁をまず乗り越えることが重要です。現在、RESASやクレジットカード等のビッグデータによって現状の把握は相当容易になっています。たとえば香川県の三豊《みとよ》市では、様々な部門におけるデータ連携基盤を構築し、住民ニーズや課題の見える化を進め、それを解決する若手ベンチャーの育成など様々な行政を展開しています。[*7] DX的な取り組みが、地域再生を進めていく上で大変強力な武器となっていきます。このように、データによって地域の客観的な姿を確認した上で、地域が目指す現実的で具体的な目標やビジョンを議論していきます。

地域の自己変革とプロセス・コンサルテーション

第二に、対話と傾聴を通じて、自治体や対象企業、さらには住民自身が内省し、自己を客観視し、自己変革できるプロセスを作ることです。ここで経営力再構築伴走支援モデルのフレームワークが参考になります。官民合同チームの事務局運営を、自治体がコンサルティング会社などと契約してお願いするケースがあるかもしれません。委託先コンサルティング会社に対しては、決して課題解決策の立案を丸投げしてはいけません。それは技術的問題への対応に過ぎないからです。そうではなく、適応課題に対応していく体制構築、すなわちプロセスについてのアウトプットを求めていくべきと思います。そして、受託したコンサルティング会社は、プロセス・コンサルテーション的な要素を取り込んで、関係者との対話の機会を工夫して創出し、伴走支援を進めていくことが重要です。いわゆるチェンジ・エージェントとしての機能を強化すべきでしょう。まさに対話を通じてステークホルダーに当事者意識と内発的動機づけを持たせていくプロセスに焦点を当てるのです。

チェンジ・エージェントとしての外部シニア人材活用

第三に、地域再生の官民合同チームの編成において、チェンジ・エージェントとしての外部人材、特にシニア人材の活用です。地域企業との個々の対話の現場では、チェンジ・エージェントとなる人材が大変重要な役割を担います。こうした人材は、愛郷心を持ち、危機感を共有する地元の中小企業や金融機関にいる人材という場合もありますし、第1章で述べたように外部の人材を活用していくことも有効です。特に、地元にとって外部人材との接点は、自己変革への気づきの場面につながります。また、改革プロジェクトの本体は現役の人たちが中心となって進めていくことになるかもしれませんが、個々の関係者との対話の場面では、外部のシニア人材をチェンジ・エージェントとして活用していくこともあり得ます。そして、何か地方のために頑張りたいというシニアの方々が本当に多くいることも事実です。都市部に偏っている経験値の高い人材を地方に還流させていく受け皿としても、官民合同チームの役割が期待されます。

このときのチーム・マネジメントはなかなか大変だと思いますが、第１章のコラムで述べた官民合同チームのマネジメントは参考になるのではないでしょうか。そうしたマネジメントの経験値自体をみんなが持ち寄って形式知化し、標準化していくことで、より各自治体が活用しやすくなると思います。

地方の中小企業の潜在力

以上、お話ししたプロセスの実証はまだ途上ですが、既に全国のいくつかの自治体や金融機関、商工団体などで、問題意識を持った取り組みが動き出してきているようです。今や、厳しい地方経済の実態を前にして、建前の技術的問題への支援に終始するよりは、挑戦を試みる価値はあると思います。

私は、たとえば都市部にいる大企業ＯＢなどの経験値豊富なシニア人材の方々に、もっと地方（故郷）で活躍する第二の人生について考える機会を持っていただくとともに、地方自治体にもそうした機会の創出を呼び掛けたいと思います。また、地方の企業の経営者には、創造的でやりがいのある仕事を若者や女性にどんどん創っていただきたいと思います。同時に、地方の若い人たちに対しても、故郷を離れて都心に出るばかりでなく、地元の企業で働くことにもっと関心を持つよう訴えたいと思います。中小企業の仕事は厳しく、つらい仕事だという固定観念で捉えられがちですが、本来、中小企業は、経営者と従業員が一丸となり、自由に柔軟に、創意工夫で社会に付加価値を提供できるイノベーティブな存在です。伴走支援を通じてそんな会社が増えていくことを心から期待しています。

当事者意識を持たせるということ

以上、伴走支援を点から面に応用して地域再生の問題に適用する可能性について検討してきました。実際には、「言うは易く行うは難し」というのが大半の自治体の置かれた状況だと思います。しかし私は、本来、自治体にはそれを実行する潜在的な力があると信じています。自治体の役人は決められた枠の中でしか動かないから無理だという批判があるかもしれませんが、逆にそうした枠をはみ出して新しいことに挑戦しようとすると、それを批判する人がいるのも事実です。したがって、これまでお話ししたような地域再生プロセスの枠組みを新しく作ることで、自治体の職員がのびのびと自由に挑戦できるような環境を作ることは非常に重要だと考えます。そうすれば、本来職員の皆さんが潜在的に持っている力が真の地域再生に向けて顕在化していくと思います。

そして実際に地域の関係者と議論を始めるときには、まずは「地方創生ないし地域再生の問題は技術的問題ではなく、適応課題である」ことを、関係者が認識することが出発点です。地域の関係者が、自らが変わらなければならないという認識を持つことが大切であり、当事者意識を持って内発的動機づけを高めていくプロセスに焦点を当てることが極めて大切です。

もう少しはっきり言うと、これまでの地域再生の問題は、ともすれば抽象的な数字や言葉のまま語られがちだったのではないか。それでは個々の企業経営者や従業員、住民には自分事として響きません。物事を動かすには、個々の当事者にも光を当て、当事者意識を持ってもらうことが何より大事です。そのためには、「自分が頑張っても仕方ない」という他律意識が働く要因を少しでも取り除き、「自分が変わることで、もしかすると何か前に動くかもしれない」というオーナーシップ感と自己完結性を持たせる場作りが大切です。これにより、一人ひとりが潜在的な力を出そうという動機づけを持つようになります。そのためにも対話と傾聴を通じた伴走支援の考え方は役に立つのではないでしょうか。こうしたプロセスを丁寧に扱うことを通じて初めて、袋小路に入りがちな地域再生の問題を現実に前に進めていくことが可能になるのだと考えます。きれいな餅の絵の描き方ではなく、実際に食べられる餅の作り方が大事だと思います。

このように組織開発の考え方は、個々の組織を扱うだけでなく経済社会問題を取り扱う上でも参考になると思います。組織開発という学問の応用範囲は広いのではないでしょうか。地域再生を更に進めていくためにも、今後の挑戦が期待されるところです。

＊1　ここでは雇用１０００人未満の一部中堅企業も含みます。https://www.kantei.go.jp/jp/singi/katsuryoku_kojyo/katsuryoku_kojyo/dai1/siryou2.pdf

＊2　ＯＥＣＤの新たな枠組み、包摂的成長に向けた「緊急の協調的取り組み」の促進を模索 https://

www.oecd.org/tokyo/newsroom/new-oecd-framework-seeks-to-drive-urgent-concerted-effort-for-inclusive-growth-japanese-version.htm

＊３　人口戦略会議「人口ビジョン２１００」P.30

＊４　サプライチェーンの中で発注者と受注者が共に共存共栄を図るため、パートナーシップ構築宣言という取り組みが進められている。「パートナーシップ構築宣言」ポータルサイト https://www.biz-partnership.jp/

＊５　『対話型組織開発』（ジャルヴァース・R・ブッシュ、ロバート・J・マーシャク著、中村和彦訳）によれば、対話型組織開発を通じて、より機敏な、自己組織化するリーダーシップとマネジメント構造を持つ組織へと移行し、その構造はヒエラルキーではなく、ネットワークを基盤とするものだとしている。同書 P.236

＊６　ゼブラ企業とは、２０１７年にアメリカで提唱された概念であり、社会課題解決と経済成長の両立を目指す企業を、白黒模様で、群れで行動するゼブラ（シマウマ）にたとえたもの。中小企業庁では、こうしたゼブラ企業を、基本指針を策定するなどして応援している。

＊７　三豊ベーシックインフラ整備事業―デジタル田園都市構想 https://basicmitoyo.jp

第6章

企業と人の潜在力を引き出す社会へ

これまで、組織開発の考え方を応用して、伴走支援が中小企業の経営者やそこで働く人々の潜在力を引き出していくことを述べてきました。そして、そうした取り組みを全国に広げていくことで、地域再生にも寄与していく可能性に触れてきました。最後に、その延長線上として、日本の経済社会の問題についても、少々自由に論じてみたいと思います。

マクロとミクロをつなぐ

私は、若い頃、霞が関で経済対策や産業政策の立案に関わっていました。しかし、いくら東京で良い政策を作っても、それが各地の現場に伝わり、変わらなければ、結局は机上の空論に終わるのではないか。そういう疑問が頭の中で大きく膨らみ、地方の現場に飛び込んでいきました。マクロの世界とミクロの現場をつなぎ合わせる政策が求められると感じたのです。

２０００年代初頭の当時の日本経済は、バブル崩壊後の不良債権問題に覆われており、失われた10年と言われた１９９０年代の重い負債を引き摺った状態でした。なぜあれだけ成長した日本経済がバブルを挟んで長く停滞することになったのか。そこには、単なるマクロ経済の要因だけでなく、ミクロの企業や人間が持つ力を左右する何か大きな要因があるのではないかと考えました。逆に、企業や人間の潜在的な力を引き出す何かがあれば、経営資源がより有効に活用され、産業構造の転換も進み、マクロ経済的にも成長していく道があるのではないかと考えたのです。そして、そのマクロとミクロをつなぐ何かというものを、探し続けました。

沼地の日本経済

振り返ってみると、当時の日本経済は、第2章で述べた「経営の沼地」が経済全体に広がっている状態だったのではないかと思います。少し単純化して恐縮ですが、当時の日本経済を〝ミクロとマクロの相互作用〟という視点で考えてみたいと思います。まず、ミクロ単位としての個々の企業はヒト、モノ、カネといった経営資源を活用して生産し、価値を創造しますが、時代の変遷や環境変化の中で、次第にプロセス・ロスが増えて非生産的になっていく可能性があります。生産性が低くなれば本来は市場の圧力や企業努力などで経営資源を流動化させ、新たな効率的配分の状態を企業は達成しようとするでしょう。そうしなければ自然淘汰されるというのが古典的な経済理論の捉え方です。ただ、当たり前のことですが、企業の経営者は何も好んで自然淘汰される道を選ぶわけではありません。自ら廃業や譲渡を考えるなら別ですが、多くの経営者は、なんとか事業を立て直し、従業員の雇用を守って生き残ろうと必死に頑張ります。従業員にとっても、終身雇用制度から得られる期待値を修正することは簡単ではありません。このような中で、様々な裏課題が積み重なって潜在力が封じ込められ、経営資源が生産的に十分に活用できない「経営の沼地」が続くのです。

一方、そうしたミクロの企業の集合体としてのマクロ的な視点で見るとどうなるでしょうか。個々の企業の経営資源が流動化されずに長期的な雇用関係、取引関係、資本関係が維持されると、ヒト、モノ、カネの流動化に不可欠な外部市場が発達しません。そうなると、ある企業だけが経営資源を流動化させることは難しくなります。結果的に、マクロ経済全体としても新陳代謝が起きにくくなり、ミクロレベルの企業の退出圧力も一層鈍くなるというスパイラルに陥ります。いわゆる囚人のジレンマのような状態です。かくして、個々の企業において経営資源が非流動的で生産性が低い均衡状態と、マクロの成長力が弱い均衡状態の相互作用が長く続くことになったのではないでしょうか。デフレがそれに拍車をかけ、その均衡状態がさらなるデフレ圧力を生みました。これが、いわば日本経済全体が沼地にはまっている状態ということだと思います。少なくとも当時の私には、日本経済の風景はそう見えました。[*1]

日本経済の自己変革

しかし、こうした状態は、リーマンショックを経て、さらに東日本大震災以降、少しずつ変わってきたのも事実です。経済の沼地から抜け出すために、これまで多くの関係者が努力を重ねてきました。様々な政策が講じられ、制度改革も進められてきました。世界経済の変化や資本市場の圧力などで上場企業は自己変革を進め、M&Aなど経営資源の組み換えも頻繁に行われるようになってきました。労働市場においても、長期雇用の慣行が少しずつ崩れ、ようやく転職や中途採用が一般的になりつつあります。スタートアップを目指す若者も増えてきました。

それでもなお、世界のイノベーションのスピードは速く、グローバル企業との競争において、日本企業の自己変革はまだ遅れているという指摘もあります。そうした中で、大手企業の中には、組織開発の専門部署を作ってプロセス・ロスの克服を図ろうとするところも増加してきました。

他方、我が国の雇用の約7割を占める中小企業では、いまだに外部市場の力による自己変革の作用が相対的に生じにくい構図が残っています。そこで、個々の企業が内発的に自己変革して潜在力を引き出し、生産性を向上させていく道筋を切り開いていく必要があります。中小企業経営者が本来持っているアニマル・スピリッツと、イノベーティブな組織風土を再び呼び起こすわけです。その自己変革のための触媒となるのが伴走支援なのです。そしてこれこそが、〝マクロとミクロをつなぐ何か〟に相当するものだったのだと思います。

つまり、個々の企業レベルでは、対話と傾聴の作用を通じて、企業経営者が自己を客観視し、内発的動機づけによって潜在力を発揮し、新たな価値を創出するメカニズムを起動させるのです。中には、合理的判断として事業譲渡や廃業、あるいは買収を意思決定することもあるでしょう。そうした個々の企業の集合体が面的に広がることで、産業構造の転換とマクロの経済成長を促していくという考え方です。いわゆる新陳代謝の議論がありますが、イソップの寓話「北風と太陽」にたとえれば、経営者を無理に追い込む〝北風〟ではなく、本人が納得して判断する〝太陽〟の議論が必要です。伴走支援はいわば太陽の役割を果たすものです。

今、地方の中小企業においても、事業承継やM&Aなども含め、自己変革の局面は増えています。提供する価値に見合った価格設定や賃上げの動きも出始めています。こうした時代をむしろチャンスと捉え、組織内のプロセス・ロスで埋没してしまっていた人間の潜在力を引き出し、企業の生産性を高め、環境変化が激しい時代を生き抜いていくことが重要です。今こそ、みんなで「経営の沼地」から這い上がり、日本経済全体の高台を目指して駆け上がっていく好機だと思います。

行政の潜在力

これまで、経営者も支援者も適応課題と向き合うべきだと訴えてきました。これは政策を作る行政当局にも言える話です。

物事に演繹《えんえき》と帰納があるように、政策立案プロセスにおいても、演繹的なアプローチと帰納的なアプローチがあります。前者は、規制や予算などの制度を作ることによって、一定の規則要件を満たした対象者に対して、あまねく作用を及ぼすものです。一方で後者の帰納的アプローチは、現場で起きている課題を解決するために一つ一つ対策を講じていき、そこから普遍的な考え方を築き上げるものです。

実際の行政においては、その両方を組み合わせていくことが重要です。制度を個々に適用する際に個別事情に応じて柔軟な対策を講じたり、逆に、様々な現場の課題をくみ上げつつ、それを制度化して課題解決に広く供したりします。問題はそのバランスです。政策担当者からすると、国民や住民、国会や議会などから出てきた課題を解決するための政策を検討する過程で、本来であれば担当者自身が現場に出かけてその目で起きている問題を把握、政策立案に反映させていくことが理想的です。しかし、様々な調整や対応が増大する中で、担当者が現場を回る時間やコストは大変大きくなっています。第三者の外部委託先に現場の把握と分析を任せてしまい、知見が散逸してしまうこともあるかもしれません。さらには、公平性の名の下に、あえて個別事案を考えないという傾向もあります。演繹的アプローチは、制度を作って一律に適用するという意味で効率的だからです。これらの結果、演繹的アプローチが相対的に優先され、本当の現場力が乏しくなってしまう可能性があります。

一方、伴走支援の考え方は、究極の個別現場支援であり、典型的な帰納的アプローチと言えます。帰納的アプローチは、個別的で時間がかかるという意味で効率性に欠けますが、個別課題に深く入り込み現場を解決する力を発揮します。そして、その経験値を普遍化して効率性を高める余地があります。いわば演繹的アプローチが制度によるインセンティブを通じて人間に外発的動機づけを与えるのに対して、帰納的アプローチは個別のプロセス・コンサルテーションを通じて内発的動機づけを与える政策的手法だと言えるのではないでしょうか。政策企画立案プロセスにおいては、演繹的アプローチと帰納的アプローチの双方の良さを活かすバランスを常に考えていくことが大事だと思います。

かつて明治時代に、前田正名《まえだまさな》という役人がいました。農商務省の次官も務めた人ですが、とにかく地方の現場に出て各地の産業振興に奔走した人でした。[*2] 生糸や茶などをはじめ日本各地にある地場産品を掘り起こし、『興業意見』という形にまとめるとともに、輸出産業としての競争力を高める努力を続けていきます。しかしながら、途中で、初代大蔵大臣を務め日本銀行を設立した松方正義《まつかたまさよし》のマクロ経済財政政策と対立し、下野していったのでした。演繹的アプローチと帰納的アプローチ、マクロとミクロの政策はときに反目する場合がありま す。しかし本来は、両者をつむぎ合わせ、より良い政策を作っていくことができるはずです。ここでも政策当局同士の対話の力が重要だと思います。

いずれにしても、政策当局が、自分たちの政策立案プロセス自体にも適応課題があることを認識し、自己変革することで、より良い政策立案プロセスを生み出す余地があるように思います。実際、これまで述べてきた伴走支援の政策立案も、私自身苦悩しながら適応課題と向き合い、既存の政策アプローチの思考回路との葛藤を断ち切ることで進めてきたプロセスそのものでした。新しい思考回路による政策の立案は、様々な抵抗もあって産みの苦しみを伴いますが、関係者との対話を通じて前に進めることができました。地方自治体を含め行政に携わる特に若い方々においては、自身が関わっている政策プロセスについて、適応課題やプロセス・ロスがあるのではないか、そして、それを乗り越えるために自己変革が必要なのではないかといった点を顧みていただき、皆さんが持つ潜在力を表に出していってほしいと思います。その際、住民や地域企業といった現場の声を直接すくい上げる帰納的アプローチは参考になるでしょう。世の中のためになる政策を打ち出していく上で、皆さんが果たすべき役割とフロンティアはまだまだ大きいと思います。

日本人の潜在力

振り返ってみると、我が国は幾度の危機や困難にも踏ん張って耐え、乗り越えてきました。そのことを私が肌で感じたのは、東日本大震災でした。私は、震災が起きて間もないまだ寒い時期に、東北地方のある津波の被災地に入り、不足していたガソリンや灯油の調達に奔走しました。まだ屋根の上に船が乗っていたり、街路灯の金属柱が津波の力で押し曲げられて倒れていたり、目を疑うような厳しい光景がそこにはありました。大きな余震が続いていましたが、そういった中でも、多くの人たちが歯を食いしばって、生き抜いていこうと頑張っていました。地元の中小企業も、我がふるさとのために奮闘していました。小売、建設、石油流通などをはじめとする様々な事業者の方たちが、自らも被災者でありながら、最前線に立って不眠不休で行方不明者捜索や復旧、避難者支援などにあたっていたのです。また、被災者の方はもちろんのこと、全国から多くの人たちが応援に駆けつけ、復旧活動に尽力していました。こうした全国の人たちの連帯の力は感嘆すべきものです。

その後私は東京に呼び戻され、今度は、まだ緊張が続く福島第一原発事故対応のため、政府と東京電力の間を動き回る毎日が続きました。そして、事故から3か月後、まだ戦場のような原発の現場に、総理大臣補佐官と共に防護服を装着して入りました。高い放射線量と、いつ原発が再爆発するか分からないという大変緊張した空気の中で、多くの方たちが、炉心を冷やし、放射性物質を遮蔽するために毎日格闘を続けていました。現地本部の壁には、いたるところに全国から寄せられた応援の寄せ書きが張ってありました。そうした応援に囲まれて、作業員の方たちは寝る間も惜しみながら力を振り絞っていたのです。あのときはまさに東日本にとって危機でした。私は、そうした危機に対処するために現場の方々が逃げずに底力を出して頑張っている姿と、それを全国の人たちが応援して支えていたことを、決して忘れることはできません。

顧みると、われわれ日本人には、逆境をバネにして奮起する潜在的な力が本来あるのではないでしょうか。たとえば幕末や明治維新、そして第二次世界大戦後の復興と成長といった歴史の断面において、そうした力が顕《あらわ》れてきたように思います。古くなった体制や慣習によって「経営者の壁」に相当するような適応課題が立ちはだかる中で、何らかの外圧を受けながらも、様々な人たちの努力や犠牲によって国全体として自己変革を遂げ、適応課題を乗り越えていったということではないでしょうか。

現在の我が国の経済社会が、世界の大きな構造変化に晒《さら》され、人口減少などでますます厳しい状況に直面していることを考えたとき、私たちはもはや技術的問題への対応の不備を批判して他責とするのではなく、自分自身が変わらなければならない適応課題がそこにはあるのだということを直視して一歩前に踏み出すことが大事だと思います。そして、新しい世界の変化に対応して自己変革力を磨き、本来日本人が得意な組織力、チームワーク力を再構築していくべきではないでしょうか。私は、これまでの数々の危機を乗り越えてきた日本ならそれができると思います。そのための一つの誘導灯として、伴走支援の考え方は有効です。伴走者がチェンジ・エージェントとして関わることで、企業や人が内発的に意欲を高め、潜在的な力を引き出す土台を作るのです。様々な組織で、様々な局面で、対話と傾聴によって困難を乗り越える知恵が当たり前となる、そうした仕組みを普及させ、次の世代にバトンをつなげていきたいというのが私の思いです。

これまで組織開発という学問的なベースを得て、伴走支援の考え方とその手法をお話ししてきました。個々の企業の話から、産業構造や日本経済までやや風呂敷を広げて論じてみました。それだけ組織開発の応用範囲は広く、今後もさまざまな分野で活用されていくのではないかと強く感じます。直面する様々な問題を適応課題と捉えて能動的な行動を引き出していくこの考え方は、問題に対処する手法のフロンティアを広げてくれることでしょう。私自身の取り組みはご紹介したとおりで未完の一歩に過ぎませんが、今後多くの志ある人たちが、組織開発を活用しながら日本社会をより良い方向に導いていってくれることを期待しています。人間にはまだまだ可能性とチャンスがある。このことを再び申し上げて筆を擱《お》きたいと思います。

＊1　角野然生「非流動均衡と経済政策―いかにして長期経済低迷から抜け出すか―」日本評論社『経済セミナー』2002年11月号

＊2　祖田修『前田正名』P.83～

解説——中村和彦（南山大学人文学部心理人間学科教授）

伴走支援は、著者である角野然生さんによる、福島でのご自身の実践経験から生まれたものです。本書の「はじめに」に書かれているように、角野さんは伴走支援が育まれた福島での実践において、組織開発の理論や手法を実践しようとしたのではありません。対話と傾聴を徹底的に行った、角野さんのありようや姿勢、関わり方が、伴走支援の基となっています。

私が初めて角野さんとお会いし、福島での伴走支援のお話を伺ったのは２０１９年でした。その際に、角野さんが試行錯誤を通して実践された、伴走支援というアプローチと、私が研究と実践をしてきた組織開発のアプローチとの間に、多くの共通点があることに気づきました。その後、伴走支援がさらに体系化され、発展し、全国で展開されていく過程で、組織開発のいくつかの理論が引用されていきました。本書の中でもすでに、組織開発について角野さんが書いてくださっているので、組織開発について私がここで改めて解説する必要はないようにも感じています。一方で、角野さんと出会ってから数年間、角野さんによる伴走支援の全国展開を見守ってきた者として、本書でも解説の執筆という形で伴走させていただければという想いから、伴走支援による組織開発の実践の特徴について、ここに執筆していきます。

組織開発とは何か

まず、組織開発とは何か、についてです。組織開発はorganization developmentの訳語で、「組織の発達」という意味です。人が乳幼児期から大人に発達していくように、グループや組織という人の集まりも発達し成長すると考えられています。では、どのように変化することが組織の発達なのでしょうか？　この問いを考えるために、組織開発の代表的な定義を紹介していきます。アメリカの組織開発の研究者であるウォリックは、組織開発を「組織の健全性、効果性、自己革新力を高めるために、組織を理解し、発達させ、変革していく、計画的で協働的な過程」と定義しました。彼の定義によると、組織が発達するという方向性として想定されているのは、「健全性」「効果性」「自己革新力」の3つの側面です。以下では、これら3つの側面について、中小企業への伴走支援との関連で概説していきます。

まずは「健全性」です。これは組織の風土や関係性の健康さで、組織の風土が活性化していてメンバーが主体的で意欲的か、組織のメンバーが安心感や満足感、幸福感を感じているか、という側面です。近年では、心理的安全性やエンゲージメントが注目されていますが、これらも組織の健全性に含まれます。健全性が高い中小企業の特徴として、①社長や役員、上司に対して社員が率直にものを言え、組織内の風通しがいい、②社内の雰囲気がよく、社員のストレスが低い、③社員の働くモチベーションが高く、主体的に考え行動している、などを挙げることができます。

「効果性」は、組織の目標達成に向けて、メンバーの潜在力が発揮されて、組織として仕事を進めていく力や程度です。効果的に仕事を進めて組織として成果を出すためには、組織としての目標が明確で共有され、役割が機能し、仕事が手順化され、メンバー個々の力が発揮されるとともにメンバーが協働する、組織の体制や関係性が必要になります。効果性が高い中小企業の特徴の例をいくつか挙げていきます。①その企業が持つ力が発揮できる事業を見出して、その事業に取り組んでいて（＝目的の明確化）、社員全員に目標が共有されている。②社長や社員の役割が機能して適材適所で個々の力が発揮されている。③仕事の手順のロス（本書で言及されている「プロセス・ロス」）が減って生産性が高まっている。④それらの実現と維持に向けたリーダーシップが社長や役員によって発揮されている、などです。

健全性と効果性は一方だけ高い状態ではうまくいきません。健全性が高いけれど効果性が低い組織は、みんな安心しているけれど仕事ははかどらない、ぬるま湯的な状態です。逆に、健全性が低く効果性が高い組織は、社員は仕事をバリバリとやるけれど、ストレスが高く、社員同士の協働や助け合いがない、ギスギスした状態です。つまり、組織が発達していくには、健全性と効果性の両方が高まっていく必要があります。

組織の健全性と効果性が高まり、その高さが持続されていくことに効き目がある、これを実施すればよいという魔法のような方法があるわけではありません。健全性や効果性には社長と社員、社員同士の関係性が大きく影響します。健全性はまさに組織内の関係性が個人に影響をする側面ですし、効果性もお互いの協働やチームワークの質が影響します。組織の中のお互いの関係性の問題は、人の体質のようなもので、ある治療や特効薬を一度実施すれば解決する、というものではありません。人の体質改善のためには、食事や生活の見直しや運動をするなどのように、自分自身による日々の取り組みが必要です。同様に、組織の風土や関係性といった、組織の風土の改善のためには、組織内の人々が自分たちで自分たちの課題に取り組み解決していく必要があります。

本書の中で、ハイフェッツによる「技術的問題」と「適応課題」について述べられていいますが、組織の風土や関係性の問題、つまり、健全性や効果性を高めるための課題や障壁は、まさに「適応課題」なのです。健全性や効果性を高めるために、外部の支援者が何らかの手法や解決策を実施しても（一時的に効果が見られるかもしれませんが）、持続的に健全性や効果性が高まることはあり得ません。組織の中の人たちが、自分たちで自分たちの課題に気づき、自分たちで解決していくことで、健全性や効果性が高まっていくのです。伴走支援では、クライアントである組織の社長や社員が自ら、自分たちの組織の健全性や効果性を高めていく過程を、対話を通して支援していきます。

そして、ウォリックが挙げた3つ目の側面である、「自己革新力」について考えていきましょう。競合が激しいＶＵＣＡの時代である現在、同じ事業をこれまでと同じようにやっていって生き残っていけるのは、独自の価値を持つ少数の中小企業に限られると思われます。組織の課題に気づき、自分たちで解決していき、組織がつねに変化・成長していく、自己革新力が中小企業にも求められています。

自己革新力とプロセス・コンサルテーション型による支援

ある中小企業が業務上の課題を抱えていたとします。それが生産工程の問題や制度の問題などの、解決のための正解があるものならば、ハイフェッツが言う「技術的問題」に該当します。そして、その「技術的問題」の解決策を、その組織の中の人たちが知らない（できない）なら、外部者が解決策を教える（実行する）ことで問題を解決することができます。一方で、その中小企業が抱える課題が、事業が行き詰まっている、社長が過去の成功から抜け出せない、社員の意識が変わらない、などの「適応課題」である場合、その組織の中の人々が自らの課題に気づき、自分たちで解決していく必要があり、外部者は解決策を与えるのではなく、その過程を伴走しながら支援する必要があります。このような、外部者が組織をどのように支援していくかについて、組織開発の分野で提唱されたのが、本書でも紹介されている、シャインの「支援の3つのモード（型）」の理論です。

本書の102ページで書かれていることと重複しますが、シャインは、支援には①専門家型、②医師―患者型、③プロセス・コンサルテーション型、の3つがあると指摘しました。この理論はシャインが1969年に提唱したものであり、組織開発の中では古くからあり、今でも重要だとされている理論です。①専門家型は、解決策を提供する支援のありようなので、中小企業が抱えている課題が「技術的問題」の場合は、その解決に寄与できます。しかし、シャインが指摘していることですが、専門家型が機能するのは、クライアントが自分たちの課題が何であるかを認識していて、解決策がその課題の解決に役立つことを理解している場合です。そして、多くの場合は、組織が抱える課題をクライアントは理解していない場合が多いことをシャインは示唆しています。また、組織開発においてよく言われる言葉として、「課題設定は課題解決に先んずる」「課題設定は課題解決よりも難しい」というものがあります。課題設定、つまり、クライアントが自らの課題に気づくこと、は簡単ではありません(特に適応課題である場合はなおさらです)。

クライアントが自分たちの組織の課題を理解できる、つまり、クライアントによる課題設定が可能になるのは、②医師―患者型と③プロセス・コンサルテーション型です。医師―患者型による支援では、医者が患者に対して検査をして病状を診断するように、外部者がクライアント組織に対して調査を行い、その診断結果を報告し、処方箋として解決策を提案します。人が病気のときに、本当に治そうと思っているなら、診断結果を受け止めて処方された薬を飲みますよね。しかし、たとえばメタボ症状などのように、日常生活を送ることができている場合は、医者から「食事と飲酒を減らして、運動をしてください」と言われても、なかなか実行しないことも多いと思われます。これと同じように、組織においても、この医師―患者型の限界として、クライアントが診断結果を受け入れないこと、クライアントが与えられた解決策を実行しないこと、をシャインは指摘しています。自分たちの組織の課題について、外部者から与えられるのではなく、クライアントが自ら気づく過程が重要なのです。そしてシャインは、自ら課題に気づき、自分たちで課題を解決していく力が組織に身に付けば、その課題は再燃しないし、今後生じる課題にも持続的に対処できるようになる、と言っています。つまり、組織が課題設定と課題解決の力を身に付けることが重要であり、これが組織の自己革新力なのです。伴走支援は、中小企業の自己革新力を育む関わり方であると言えます。

伴走支援者に必要な力

組織開発では、伝統的に「チェンジ・エージェント」という言葉が使われてきました。この言葉も、伴走支援者を指す言葉として、本書の中で紹介されています。「チェンジ・エージェント」は、組織開発を推進する人、または、組織開発の取り組みを支援する人のことです。「変革推進者」と訳されることが多いですが、「変革媒介者」と訳されることもあります。「変革媒介者」という言葉の中には、チェンジ・エージェントが組織内の人々（トップや社員）をつなぎ、触媒となって変化を促進する人、というニュアンスが込められています。チェンジ・エージェントは、組織のトップであり、変革を引っ張る人ではありません（そのような人は「変革リーダー（チェンジ・リーダー）」と呼ばれます）。チェンジ・エージェントは、組織のトップと社員とをつなぎ、対話を促進し、組織内の潜在力や自己革新力に火を付けていく、まさに伴走者なのです。

チェンジ・エージェントにはどのような力が必要とされるのか、という議論は、組織開発の分野の中で「ODコンピテンシー」というキーワードで議論されてきました。何人かの研究者が必要とされる力をリストアップし、いくつかのカテゴリーとしてまとめています。たとえばアンダーソン（2010）は、①対人スキルとその人のありよう、②組織行動（の理解）、③データ収集と分析（の方法）、④トレーニングと開発、⑤ビジネスとマネジメントの知識、⑥一般的なプロフェッショナルなスキル、⑦コンサルティングのスキル、⑧働きかけ（の手法とスキル）の8つのカテゴリーを挙げています。また彼は、バーネイがかつて、①自己と影響への気づき、②概念的、分析的、リサーチのスキル、③組織の変革や影響のスキル、という3つを挙げたことを紹介しています。これらの中には、知識や手法といったすでにあるものを獲得することで身に付く力があります。その一方で、アンダーソンが指摘した①対人スキルとその人のありようや、バーネイによる①自己と影響への気づきというように、他者との関わりのスキルや自己のありようといった、支援者の自己成長によって身に付く力があります。先ほど述べた、プロセス・コンサルテーションで必要とされる基礎的な力は、このような、他者との関わりのスキルや自己のありようです。以下では、伴走支援を行う人たちに必要とされる、他者との関わりのスキルや自己のありように焦点を当てて考えていきます。

他者との関わりのスキルとして、角野さんは「傾聴」を強調していますが、この傾聴力はチェンジ・エージェントに必要な力としても挙げられています。他にアンダーソンが挙げた、他者との関わりのスキルや姿勢や自己のありようは、信頼を築くこと、柔軟性やあいまいさへの対処、協働すること、正直さ（自己一致）、オープン・マインド、自己への気づきとセルフ・マネジメント、などです。これらの中で、伴走支援を行おうとする人にとって、特に重要であり、かつ、忘れがちなのが、自己への気づきではないかと私は考えています。

自己への気づきには、自分の中で起こっていること（感情やニーズ）に気づくことや、自分の言動の影響に気づくことが含まれています。伴走支援はクライアント中心の姿勢が大切です。これは頭では理解していても、さまざまな状況や場面で実践するのは簡単ではありません。クライアントと関わる際には、支援者である自分の中でさまざまな想い、感情、希望や期待が生まれるので、自分の中で起こることに自分で対処しながら、効果的にクライアントと関わる必要があります。たとえば、傾聴が大切と分かっていても、伴走支援者として聴きたくないことをクライアントである社長が語っていて、だんだん共感できなくなっている、ということが起きることでしょう。この場合、傾聴を続けるか、自分の中で起こっていることを正直に伝えるのか、という伴走支援者の行動に正解はありません。また、伴走支援者としてはクライアントである社長に変わってほしいと思っている考え方や行動があるが、その社長と対話を重ねても社長は変わろうとしない、ということにも遭遇することがあると思います。このような場面でも、伴走支援者がどのように言うのが正しいのかという答えはありません。重要なのは、伴走支援者が自分の中で起こることに自ら対処しながら、自分を効果的に活かしていくことです。このようなありようは、組織開発において「ユース・オブ・セルフ」と呼ばれています。

他者との関わりや自己のありようという、伴走支援に携わる人たちにとっても大切な姿勢や態度は、非常に奥深い領域です。対話と傾聴を「私はできています」と思っている人ほど、できていないことが多い（できていないことに自分で気づいていないことが多い）です。伴走支援を志す方は、他者との関わりや自己のありようについて、業務の中での、トレーニングの場での、そして日常での試みを通して自己成長に取り組んでいただきたいと願っています。

参考文献：Anderson, D. (2010). *Organization development: The process of leading organizational change.* Thousand Oaks, CA: Sage Publications.

あとがき・謝辞

退官後に、中村先生の勧めで、これまで取り組んできた伴走支援について原稿を書き始めることとなりました。うまく考えを伝えることができたかどうか、至らなかったことも多いと思いますが、ここまでお読みいただいた読者の皆様に感謝申し上げます。

私自身は、常に適応課題と向き合うキャリアでした。他組織への出向や現場への派遣、前任者がいない新しい任務が多く、常に自己変革を続けなければならない環境に身を投じてきました。そうした中で、伴走支援の考え方と出合い、育むことができたとも言えます。新しい組織や環境の中で自己と向き合い、変わっていくことは実際は苦労が多いものです。そうしたときに大切なのは、誠実と信頼であり、これこそが対話と傾聴のベースになるものと考えます。

そして、これまでの無数の人々による現場での誠実な努力の歩数が今の歴史を作ってきたのだということを、私は吉村昭の数々の小説から学んできました。そこには時代の変化と対峙しながら、自己変革に挑戦する人々の姿がありました。一人の力は小さくても、多くの人の力が積み重なることで、歴史を少しでも良い方向に進めることができると信じています。皆さんの中には、自己変革はなかなか難しいと悩む方がいるかもしれませんが、まず前に一歩踏み出してみてください。必ず誰かが伴走してくれるはずです。対話と傾聴から始めてみてください。変革の種は日常の中にあります。

若い方々の中には、様々な人たちとの調整を強いられ、自分の能力が活かされているのだろうか、本当に自分の仕事や商売が世の中の役に立っているのだろうか、日々悩んでいる方も多いと思います。忙しいかもしれませんが、ぜひ現場に出てみてください。最終章で帰納的アプローチのことを書きましたが、視点が変わると仕事の面白さがまた変わってくるかもしれません。自分自身の適応課題に向き合うことで発想の転換が生まれると思います。次の世代を担う皆さんには、新たな思考プロセスに常に挑戦していく気概を持ってほしいと願い、激励したいと思います。

私が中小企業の現場でこれまで注いできた情熱は、第4章でも触れたように、父親の事業の倒産にその原点があったように思います。仕事で中小企業の経営者とお会いするときも、等身大で経営者の方々の話を受け入れることができました。苦労は、相手の苦労を傾聴する力を養います。その力を授けてくれた両親に感謝しています。これからも伴走支援が現場に広がっていき、対話と傾聴が日常の当たり前の風景となることで、多くの企業経営者の皆さんや様々な組織のリーダーの皆さんが、勇気を持って自己変革に挑戦していくことを願っています。

伴走支援の取り組みは、私の力だけではなく本当に多くの関係者の皆さんのご協力があって初めてできたものです。少し長くなりますが、改めてここに感謝の念をお伝えしたいと思います。

まず、今回の執筆にあたっては、中村先生のご指導なしには前に進むことができませんでした。福島の現場で進めてきた伴走支援をさらに広げていくためには何らかの理論的支柱が必要だと感じていたある日、書店で先生の本と遭遇し、まさにこれこそ求めているものだと衝撃を受けて、直接コンタクトを取ったのが先生との出会いでした。今回も様々な局面でご指導いただき、拙著に解説を加えていただいたことに改めて厚く御礼を申し上げたいと思います。

第1章の福島復興においては、本書で取り上げた事業者の皆様をはじめ数多くの地元事業者の方にお世話になりました。ここに深く感謝申し上げます。また、内堀雅雄福島県知事、吉田栄光県議会議長（現浪江町長）はじめ地元自治体や商工団体など関係者の皆様に対して、福島相双復興官民合同チーム（公益社団法人福島相双復興推進機構）の活動を支えていただいたことに厚く御礼申し上げます。官民合同チームでは、福井邦顕チーム長、立岡恒良副チーム長、そして高木陽介原子力災害現地対策本部長（いずれも肩書当時）にご指導いただき前に進めることができたことを感謝申し上げます。そして何より、チームで苦楽を共にした、国、福島県、東京電力はじめ様々な組織から来た仲間の皆さんに感謝の言葉をお伝えしたいと思います。

第2章では、関東経済産業局の官民合同チームの皆さんと一緒に伴走支援を発展させることができました。共に汗を流すことができたことを誇りに思うとともに、改めて感謝の念をお伝えします。登場いただいた企業の関係者の皆様に厚く御礼を申し上げます。

第3章では、中小企業庁の同僚の皆さんと昼夜を問わず熱く議論しながら経営力再構築伴走支援モデルを作り上げてきました。有識者会議の皆様、そして役所の同僚の皆さんに心から感謝します。

第4章では全国の現場で活躍されている伴走支援者の方々に登場いただきました。現場で支援にあたっておられる皆様に改めて御礼申し上げます。そして、経営力再構築伴走支援推進協議会に参加いただいている各組織・団体の皆様に感謝申し上げます。

第5章の地域の包摂的成長プロジェクトでは、吉村直泰さん、田中宗介さん、谷口太郎さんはじめ本省・地方経済産業局の若手チーム員の皆さんの尽力に敬意を表し、感謝したいと思います。

そして、全体を通して、中小企業庁伴走支援室長の林隆行さん、デロイト　トーマツ　ファイナンシャルアドバイザリー　パートナーの佐藤公則さんにはとりわけお世話になったことを深く感謝いたします。第1章の直売所の事例で登場した若いコンサルタントとは、実は佐藤さんのことです。

出版に際しては、光文社の小松現編集長、杉本洋樹さんはじめ関係者の皆様に大変お世話になりました。厚く御礼を申し上げます。このほかにも、たくさんの方々のご支援とご協力があり、本書をまとめることができました。心から感謝申し上げます。執筆の最中に母を看取ることになりましたが、泉下の両親に上梓を報告したいと思います。最後に、現役時代の激務と、退官してからの執筆を支えてくれた妻の志乃に感謝の気持ちを捧げます。なお、本書の販売で得た収益の一部は福島復興のために寄付いたします。

2024年春　角野　然生

引用文献

【書籍】

・中村和彦『入門　組織開発　活き活きと働ける職場をつくる』2015年、光文社新書
・2022年版「中小企業白書」第2部新たな時代へ向けた自己変革力
・ロナルド・A・ハイフェッツ、マーティ・リンスキー、アレクサンダー・グラショウ『最難関のリーダーシップ　変革をやり遂げる意志とスキル』水上雅人訳、2017年、英治出版
・エドガー・H・シャイン『人を助けるとはどういうことか』金井真弓訳、金井壽宏監訳、2009年、英治出版
・ジャルヴァース・R・ブッシュ、ロバート・J・マーシャク『対話型組織開発　その理論的系譜と実践』中村和彦訳、2018年、英治出版
・中原淳、中村和彦『組織開発の探究　理論に学び、実践に活かす』2018年、ダイヤモンド社
・加藤雅則『組織は変われるか　経営トップから始まる「組織開発」』2017年、英治出版
・阿川佐和子『聞く力　心をひらく35のヒント』2012年、文春新書
・野中郁次郎『アメリカ海兵隊　非営利型組織の自己革新』1995年、中公新書
・松尾豊『人工知能は人間を超えるか　ディープラーニングの先にあるもの』2015年、角川EPUB選書
・増田寛也＋人口減少問題研究会「2040年、地方消滅。「極点社会」が到来する」『中央公論』2013年12月号掲載
・山崎史郎『人口戦略法案　人口減少を止める方策はあるのか』2021年、日本経済新聞出版
・ブルネロ・クチネリ『人間主義的経営』岩崎春夫編訳、2021年、クロスメディア・パブリッシング

・西山圭太『DXの思考法　日本経済復活への最強戦略』２０２１年、文藝春秋
・祖田修『前田正名』１９７３年、吉川弘文館

【WEBサイト】
・「中小企業伴走支援モデルの再構築について～新型コロナ・脱炭素・DXなど環境激変下における経営者の潜在力引き出しに向けて～」令和４年３月15日　伴走支援の在り方検討会 https://www.chusho.meti.go.jp/koukai/kenkyukai/bansou/report/report.pdf
・「経営力再構築伴走支援ガイドライン」中小企業庁　独立行政法人中小企業基盤整備機構　経営力再構築伴走支援推進協議会 https://www.chusho.meti.go.jp/koukai/kenkyukai/keiei_bansou/guideline.html
・伴走支援プラットフォーム https://bansoushien.smrj.go.jp/
・ローカルベンチマーク（ロカベン） https://www.meti.go.jp/policy/economy/keiei_innovation/sangyokinyu/locaben/
・経営デザインシート https://www.kantei.go.jp/jp/singi/titeki2/keiei_design/index.html
・日本弁護士連合会　提言　日本弁護士連合会：地域の多様性を支える中小企業・小規模事業者の伴走支援に積極的に取り組む宣言 https://www.nichibenren.or.jp/document/assembly_resolution/year/2023/2023_3.html
・産業構造審議会新機軸部会「地域の包摂的成長」検討チーム https://www.meti.go.jp/shingikai/sankoshin/shin_kijiku/pdf/013_04_00.pdf

角野然生（かどのなりお）

1964年、東京生まれ。

東京大学経済学部卒業後、通商産業省（現在の経済産業省）入省。元中小企業庁長官。2015年に福島相双復興官民合同チーム初代事務局長および福島相双復興推進機構初代専務理事として福島復興に携わり、その後、関東経済産業局長や復興庁統括官を歴任。2021年から中小企業庁長官として、中小企業に対する伴走支援を全国に展開する業務に従事し、2023年退官。

経営《けいえい》の力《ちから》と伴走支援《ばんそうしえん》

「対話《たいわ》と傾聴《けいちょう》」が組織《そしき》を変《か》える

2024年5月30日初版1刷発行

著　者 —— 角野然生
発行者 —— 三宅貴久
装　幀 —— アラン・チャン
印刷所 —— 堀内印刷
製本所 —— 国宝社
発行所 —— 株式会社光文社
東京都文京区音羽1-16-6（〒112-8011）
https://www.kobunsha.com/
電　話 —— 編集部03（5395）8289　書籍販売部03（5395）8116
制作部03（5395）8125
メール —— sinsyo@kobunsha.com

ISBN 978-4-334-10324-8

1290
日本のクラシック音楽は歪んでいる
12の批判的考察
森本恭正

これまで日本で検証されてこなかった「真実」とは――。私たちは何を見逃し、聴き逃してきたのか。作曲家・指揮者が、二十年を超える思考の上に辿り着いて示す、西洋音楽の本質。

978-4-334-10196-1

1291
「生命の40億年」に何が起きたのか
生物・ゲノム・ヒトの謎を解く旅
林純一

40億年前に誕生し、姿形を変えながら現在まで連綿と命をつないできた生き物たち。その本質とは一体何なのか。常識を疑った先に広がる、ユニークな生き物たちの世界を描いた意欲作。

978-4-334-10197-8

1292
日本のヴァイオリニスト
弦楽器奏者の現在・過去・未来
本間ひろむ

日本におけるヴァイオリン受容史から、「歴史的名器」をめぐる逸話、新世代の弦楽器奏者まで、「楽器に選ばれし者」の物語。【日本のヴァイオリニスト・ディスコグラフィ30】付録付き。

978-4-334-10198-5

1293
在宅緩和ケア医が出会った
「最期は自宅で」30の逝き方
髙橋浩一

どこで、どのように過ごし、最期の時を迎えるか。希望をどう叶えるか。在宅緩和ケアに取り組んできた医師が紹介する、患者との出会いから看取《みと》りまでの数々のストーリーから学ぶ。

978-4-334-10199-2

1294
スカウト目線の現代サッカー事情
イングランドで見た「ダイヤの原石」の探し方
田丸雄己

育成の進歩、移籍競争の激化、データでの目利きなど、サッカー界の最前線で起きていることを英国で活動する若きスカウトが分析するとともに、謎に包まれたスカウトの仕事を語る。

978-4-334-10221-0

1295
創作者の体感世界
南方熊楠から米津玄師まで
横道誠

天才たちの仕事を読み解く鍵は、発達障害に通じる特性が握っていた？　発達障害と診断された文学研究者が、自身の「感」と「知」で文献を渉猟。「障害」の意味を読み替える「当事者批評」実践の書。

978-4-334-10222-7

1296
大江健三郎論
怪物作家の「本当ノ事」
井上隆史

大江健三郎とは何者だったのか──。「奇妙な仕事」『万延元年のフットボール』『沖縄ノート』など、その作品世界を丹念に追うことで、いまだ明らかになっていない大江像を探る。

978-4-334-10223-4

1297
嫉妬論
民主社会に渦巻く情念を解剖する
山本圭

隣人が、同僚が、見知らぬ他人が羨ましい──。苦しく、みっともない感情にどうしてこうも振り回されるのか。人々を揺さぶる「厄介な感情」を政治思想の観点から多角的に考察。

978-4-334-10224-1

1298
漫画の未来
明日は我が身のデジタル・ディスラプション《破壊的変革》
小川悠介

スマホ向け漫画「ウェブトゥーン」の台頭に、絵を自動で描く「生成AI」の進化。デジタル時代に、漫画はどこへ向かうのか？　取材を重ねた記者が、経営・ビジネスの観点からその未来図を探る。

978-4-334-10225-8

1299
死なないノウハウ
独り身の「金欠」から「散骨」まで
雨宮処凛

失職、介護、病気など、「これから先」を考えると押し寄せる不安……。各界の専門家に取材し、役立つ社会保障制度などを紹介する、不安な人生をサバイブするための必須情報集！

978-4-334-10226-5

1300

〈共働き・共育て〉世代の本音
新しいキャリア観が社会を変える

本道敦子　山谷真名
和田みゆき

当事者インタビューで明らかになった、〈共働き・共育て〉を志向するミレニアル世代の本音、そして子育て中の男性の苦悩。当事者、そして企業が取るべき対策とは？【解説・佐藤博樹】

978-4-334-10249-4

1301

子ども若者抑圧社会・日本
社会を変える民主主義とは何か

室橋祐貴

変化の激しい時代に旧来の価値観で政治が行われ、閉塞感が漂う日本。先進諸国で若い政治リーダーが台頭している中、なぜ日本だけ変われないのか？若者が参加できる民主主義を示す。

978-4-334-10250-0

1302

子どものこころは大人と育つ
アタッチメント理論とメンタライジング

篠原郁子

ボウルビィが提唱したアタッチメント（愛着）は、子どもにとって重要なすべての大人との間に形成されうる。心で心を思うこと《メンタライジング》をベースに、アタッチメント理論をわかりやすく解説する。

978-4-334-10251-7

1303

頭上運搬を追って
失われゆく身体技法

三砂ちづる

今の日本では失われつつある身体技法「頭上運搬」。沖縄や伊豆諸島ほか日本各地や海外にその記憶と痕跡を訪ねる。生活や労働を支えた身体技法と、自らの身体への理解や意識を考察。

978-4-334-10252-4

1304

定点写真で見る　東京今昔

鷹野晃

江戸・明治・大正・昭和――。東京はいかに変貌したのか。東京を撮り続けて40年の写真家が、「定点写真」という手法を用いて破壊と創造の首都を徹底比較。写真４５１点収録！

978-4-334-10253-1

1305
バッタを倒すぜ　アフリカで
前野ウルド浩太郎
世界中を飛び回り、13年にわたって重ねてきたフィールドワークと実験は、バッタの大発生を防ぐ可能性を持っていた！　新書大賞受賞、25万部突破の『バッタを倒しにアフリカへ』続編。
978-4-334-10290-6

1306
中日ドラゴンズが優勝できなくても愛される理由
喜瀬雅則
2年連続最下位でも視聴率と観客動員は好調。なぜ順位と人気は相関しないのか？　優勝の可能性は？　立浪監督はじめ多くのOBや関係者への取材を基にしたドラゴンズ論の決定版。
978-4-334-10291-3

1307
ダーウィンの進化論はどこまで正しいのか？
進化の仕組みを基礎から学ぶ
河田雅圭
『種の起源』刊行から一五〇年以上がたった今、人類は進化の仕組みをどれほど明らかにしてきたのか。世に流布する進化の誤解も解きほぐしながら、進化学の最前線を丁寧に解説する。
978-4-334-10292-0

1308
中高生のための「探究学習」入門
テーマ探しから評価まで
中田亨
仮説を持て、さらば与えられん！　アイデアの生み出し方、調査や実験の進め方、結果のまとめと成果発信、安全や倫理等を具体的にガイド。研究者の卵や大人にも探究の面白さを伝える。
978-4-334-10293-7

1309
世界の富裕層は旅に何を求めているか
「体験」が拓くラグジュアリー観光
山口由美
旅に大金を投じる世界の富裕層が求めるものは？　彼らの旅のスタンダードとは？　近年のラグジュアリー観光を概観し、安心や快適さではない、彼らが求める「本物の体験」を描き出す。
978-4-334-10294-4

光文社新書

1310

生き延びるために芸術は必要か

森村泰昌

歴史的な名画に扮したセルフポートレイト作品で知られ、「私」の意味を追求してきた美術家モリムラが、「芸術」を手がかりに「生き延びること」について綴ったM式・人生論ノート。

978-4-334-10295-1

1311

組織不正はいつも正しい
ソーシャル・アバランチを防ぐには

中原翔

燃費不正、不正会計、品質不正、軍事転用不正……。組織不正はなぜあとを絶たないのか――。気鋭の経営学者が、組織をめぐる「正しさ」に着目し、最新の研究成果を踏まえて考察する意欲作。

978-4-334-10322-4

1312

経営の力と伴走支援
「対話と傾聴」が組織を変える

角野然生

経営者との「対話と傾聴」を通じ、自立的な企業変革への道筋をつける「伴走支援」の枠組みを、第一人者の実践を基に示す。南山大学教授・中村和彦による、組織開発の視点での解説を収録。

978-4-334-10324-8

1313

英語ヒエラルキー
グローバル人材教育を受けた学生はなぜ不安なのか

佐々木テレサ
福島青史

英語で授業をするEMIプログラム。学部卒業生に日本語や承認の不安を覚える人が出ている。聞き取りを基に内実と問題点を提示。指導教員が多言語話者成長の苦悩と対策を解説。

978-4-334-10325-5

1314

ナショナリズムと政治意識
「右」「左」の思い込みを解く

中井遼

政治的な左右と結びつけられがちなナショナリズムの概念を政治学の知見と国際比較からとらえなおし、日本人の政治意識が世界においてどれだけ普遍的もしくは特殊なものであるか検討する。

978-4-334-10323-1